科比
曼巴永生
Mamba Forever

冯逸明 / 主编

世界知识出版社

北京 · 2022

图书在版编目（CIP）数据

科比：曼巴永生 / 冯逸明主编 .—北京：世界知识出版社，2020.4（2022.1 重印）
ISBN 978-7-5012-6226-7

Ⅰ . ①科 … Ⅱ . ①冯 … Ⅲ . ①布莱恩特（Bryant,Kobe 1978—2020）—传记
IV. ① K837.125.47

中国版本图书馆 CIP 数据核字（2020）第 058122 号

- -

书　　名　科比：曼巴永生
　　　　　Kebi: Manba Yongsheng

主　　编　冯逸明

责任编辑　余　岚　刘　喆
责任出版　赵　玥
责任校对　张　琨
封面设计　冯逸明

出版发行　世界知识出版社
地址邮编　北京市东城区干面胡同 51 号（100010）
网　　址　www.ishizhi.cn
销售电话　010-65265923　010-57735441
经　　销　新华书店
印　　刷　朗翔印刷（天津）有限公司
开本印张　889mm × 1194mm　1/16　9 印张
字　　数　202 千字
版次印次　2020 年 5 月第一版
　　　　　2022 年 1 月第六次印刷
标准书号　ISBN 978-7-5012-6226-7
定　　价　69.00 元

目录
CONTENTS

来若传奇去如仙，战衣高悬紫金巅。

今宵别后夜风凛，试问君去何日还。

1978.8.23—2020.1.26

Mamba Forev

曼巴永生

科比·布莱恩特生平特别纪

2020 年 1 月 26 日（北京时间 1 月 27 日凌晨 4 点），大洋彼岸传来令人无比震惊与心碎的消息，科比与他的二女儿吉安娜因为直升机事故而罹难，那曾如灯塔般照耀我们一代人青春航程的巨星陡然陨落。

也许你曾想象过 100 种科比离开的方式，但绝非如此。而这个结局，令人不禁想起 4 年前那一声“Mamba Out”，随后他头也不回地转身离去。

科比是闪烁着神格光芒的图腾偶像，凌越于篮球，甚至体育范畴之上，他打造了一个独特维度的“曼巴宇宙”，那里不仅是技艺与艺术的巅峰，也有意志与精神的淬炼。

科比是篮球史上最偏执、最坚韧、最倔强、最勤奋、最传奇的球员，如流星、如花火、如云霞、如烈焰，将短暂的人生炽热燃烧，绽放出永恒的光辉。41 岁骤逝，科比为后人树立了光辉的典范，他的“曼巴精神”将会常存于每一个热爱他的人心中。我们有幸活在科比的时代，他就是我们的篮球之神……

生命的尽头不是死亡，
而是被遗忘。
以这种方式延续“黑曼巴”的传奇，
是我们对科比最诚挚的怀念！

紫金二十载，科比谁争锋。挥手离别处，落笔鬼神惊。
五冠传奇史，洛城定帝星。飞侠耀盛世，曼巴写功名。
一世皆万世，不泯英豪情。人生之幸事，青春与君行。

吉安娜是最像科比的一个女儿，她同科比一样热爱篮球，进入 WNBA 是她最大的梦想……

Gianna Bryant
2006.5.1—2020.1.26

将门虎女
吉安娜·布莱恩特

众所周知，科比有四个女儿，其中罹难的二女儿吉安娜·布莱恩特的篮球天赋最高。2006年5月1日吉安娜·布莱恩特出生，自此科比有了两个可爱的女儿——纳塔利娅和吉安娜。大女儿纳塔利娅并没有走上篮球之路，而是选择了排球。吉安娜则从小喜欢篮球，并且一心要在篮球场上出人头地。

曾有人喊话科比：“你应该生个儿子，去继承你的篮球血统和传奇。”吉安娜听到后回应：“我们不需要一个男孩子继承篮球血统，我就可以。”科比很为吉安娜自豪：“你说得没错，放手去做，你可以做到！”

吉安娜打起篮球颇有其父之风，她突破犀利，投篮精准，并且自信顽强。退役之后的科比花了很多精力指导吉安娜，他将女儿视为骄傲，并笃定地认为吉安娜会成为最好的女篮运动员。

2018年7月，吉安娜帮助所在球队夺得了一项冠军，科比的妻子瓦妮莎在社交媒体上写道：“Mambacita（西班牙语，形容美丽的姑娘），冠军，最好的教练，@科比·布莱恩特。”

吉安娜最喜欢的NBA球星是特雷·杨，甚至特意让老爸科比带她去亚特兰大看特雷·杨的现场比赛。在坠机事件后，特雷·杨在第一时间悼念了科比与吉安娜。

吉安娜早早就计划未来进入康涅狄格大学打球。康涅狄格大学是闻名世界的女篮名校，戴安娜·陶乐西、玛雅·摩尔等许多女篮巨星都出自这里。

很遗憾，吉安娜无法实现梦想了。她原本可以驰骋在WNBA，像父亲科比那样成为一代传奇巨星。一场空难带走了这位13岁的少女，那些与篮球有关的美好希冀也随之湮灭。

Hello
so sorry I cant be with
you However, I coulint
completely miss the chance to
take a moment to share some
thoughts with all of you.
The lesson I cherished the
most is how important it is
to love what you do. If you
love what you do and it is
making you happy all the
hardworking and
perseverance will pay off. I
once had a guidance
councilor tell me that I
shouldnt play basketball. That I
would never amount to anything. This
negativity towards me made me
stronger. You can't stop people from
trying to limit your dreams but
you can stop it from becoming a
reality. Your dreams are up to
you. I encourage you to always
be curious. Always seek out
things you love. And always
work hard once you find it. So
with that I'll let you carry
on with your evening. Please
know I'm thinking of you,
supporting you, encouraging
you always.
SPALDING
Official Game Ball
NBA
LAKERS
8
JOHN, KERI AND ALYSSA ALTOBELLI
KOBE AND GIANNA BRYANT
SARAH AND PAYTON CHESTER
CHRISTINA MAUSER
ARA ZOBAYAN
CHIEFS
24
BRYANT
8
wish
LAKERS
24

告别

Kobe Bryant

科比追思会及各方纪念活动

KOBE GIGI

涂鸦缅怀

科比和吉安娜的壁画纪念

科比意外坠机离世，令无数球迷无法释怀，街头涂鸦也成为球迷悼念逝者的一种载体。斯人已去犹忆影，人们希望科比与爱女在另一个世界永不分离，并且还可以一起打篮球，街头画师用笔实现着这些美好夙愿。

在科比逝世后的短短几周时间里，洛杉矶的大街小巷就涌现了近百幅壁画，描绘着科比夺得 5 个总冠军的盛景，描绘着“曼巴精神”，描绘着父女情深……“天使之城”的街头随处可见对“黑曼巴”的怀念，科比给这座城市种下了一粒种子，这是乔丹、奥尼尔那些传奇巨星都不曾做到的事。

LONDON
KOBE
GIGI
IN HEAVEN

与君同袍

湖人同穿 8 号与 24 号球衣

2020 年 2 月 1 日，湖人在斯台普斯中心迎战开拓者。这是科比离世后湖人的第一个主场比赛，球队进行了精心布置，以此纪念不幸去世的科比和他的女儿吉安娜。

斯台普斯中心的看台座椅上放满 8 号与 24 号球衣，那是科比效力湖人时的战袍。看台中间的两个位置留给了科比和吉安娜，仿佛他们父女依旧在斯台普斯的场边。

何患无衣，与君同袍。鱼贯出场的湖人队员全部都穿着 8 号或者 24 号球衣，在这一夜，他们与科比成为一体。詹姆斯放弃了进攻 24 秒，利拉德半场控球 8 秒，8 和 24，是两个属于科比的数字，二人分别用两次违例来致敬科比，斯台普斯也响起经久不息的掌声。

MAMBA
2
LAKERS
24
wish
LAKERS
KB

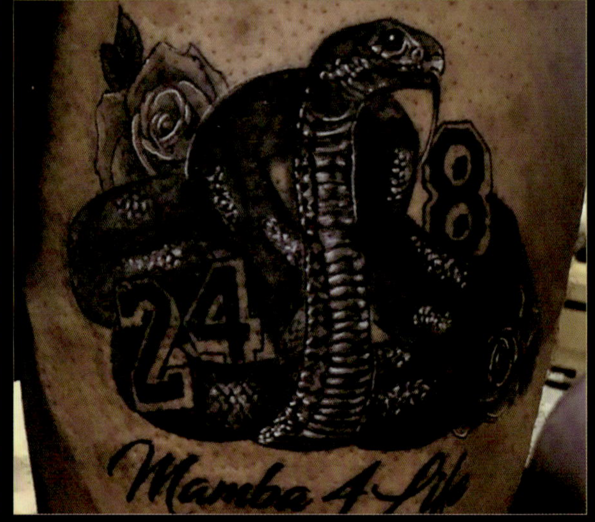

刻骨铭心

詹姆斯与戴维斯的新文身

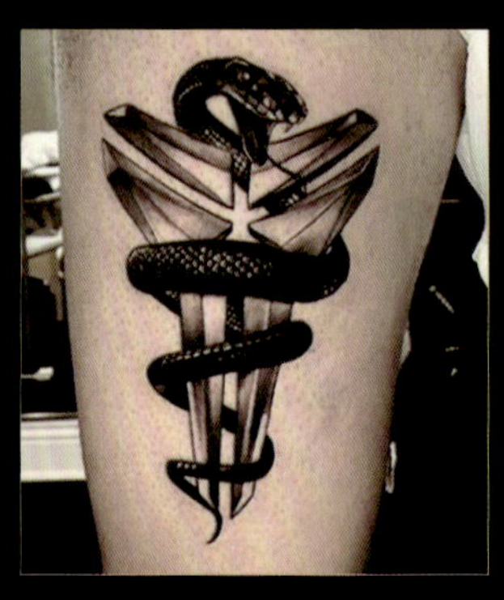

为了缅怀科比，勒布朗·詹姆斯与安东尼·戴维斯都不约而同地添加了新文身，而且二人都选择由文身艺术家凡妮莎·奥雷里亚来执笔。詹姆斯的新文身图案是花、24、8 和黑曼巴蛇等缠绕在一起，而戴维斯的文身图案则是黑曼巴蛇紧缠着科比的剑鞘 LOGO。二人将“曼巴精神”文在身上，永记心间。

各方怀念

各地各界致敬科比活动

2020 年 2 月 3 日，第 54 届 NFL 职业橄榄球大联盟年度冠军赛从一开始便有一个主题，那就是纪念科比和他的二女儿吉安娜。

作为科比的家乡，费城将大桥、高楼、球馆等建筑均打上了致敬科比的紫金色灯光。

费城 76 人主场对阵金州勇士，76 人球员全部身着科比的 24 号与 8 号球衣登场，他们还在瓦乔维亚中心退役了科比就读劳尔梅里恩高中时穿的 33 号球衣。

KOBE BRYANT

以科比的名义

2020 年芝加哥全明星赛掠影

2020 年芝加哥全明星赛全程充满了向科比致敬的元素，从新秀赛、三分大赛、扣篮大赛开始，频频出现致敬科比的画面，而到了第三天的正赛，致敬活动达到高潮。正赛开始前，首先由“魔术师”约翰逊带领全场球迷和球员共同为科比默哀 8 秒钟。随后，来自芝加哥的歌手詹妮弗·哈德森为科比深情献唱。

比赛中，勒布朗队全员身着 2 号球衣，以表示对科比女儿吉安娜的缅怀，同时“字母哥”队则身穿 24 号球衣纪念科比。所有球衣都缝上了 9 颗星星，以此缅怀科比、吉安娜以及其他遇难者。前三节分别计分，比出胜负；到了第四节，率先得到目标分（前三节总得分高的一方分数再加24 分）的队伍获胜，没有时间限制。

正是因为新颖别致的赛制，还有登场球员心怀致敬科比的信念，这次全明星正赛才会如此精彩纷呈。全明星球员们也仿佛是在用这样的方式告诉科比，“曼巴精神”已经深深扎根在每个人心里。

值得一提的是，为了纪念科比，全明星 MVP 奖更名为“科比·布莱恩特 MVP 奖”。4 次获得全明星 MVP、18 次入选全明星首发阵容的科比，曾缔造了一系列无法逾越的神迹。

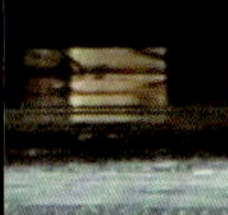

2020 年芝加哥全明星赛周末，无论是德文·布克身上那件黑曼巴蛇缠绕玫瑰花图案的外套衫，还是新科三分王巴迪·希尔德佩戴的 24 号项链，抑或是霍华德在扣篮大赛的 24 号超人造型，艾弗森身穿的湖人 8 号球衣……处处都是致敬科比的元素。尤其是在 2020 年全明星正赛舞台，球员们都拼尽全力，为球迷奉上饕餮盛宴，也用疯狂的竞争性告慰科比的在天之灵。

在全明星赛的最后时刻，詹姆斯一度抽筋，凯尔·洛瑞多次被撞倒在地，乔尔·恩比德被强硬犯规后摔出3米远，但他们都将受伤风险置之度外，将这一场普通的全明星赛打出了总决赛的对抗级别。

这一切都是因为科比，因为那种死战不休、浴血鏖战的“曼巴精神”。如果科比在天上看到这帮兄弟如此奋力搏杀，让篮球比赛如此精彩，也会非常欣慰。

最终，勒布朗队凭借戴维斯在关键时刻的罚球绝杀赢得胜利。伦纳德全场砍下30分，命中了8记三分球，摘得科比·布莱恩特MVP奖。

生命的礼赞

科比·布莱恩特追思会

美国时间2020年2月24日上午10点，北京时间2月25日凌晨2点，科比·布莱恩特追思会“生命的礼赞”在洛杉矶的斯台普斯中心举行，大家再一次向科比与吉安娜缅怀与告别。

这场追思会定位为“生命的礼赞”，主旨是希望大家不要过分悲伤，而是庆祝科比曾经来过，并开启过如此丰富而又传奇的一生……

两万名球迷早早守候在活动现场，众多NBA球星名宿、各界名流以及科比的亲友出席。

斯台普斯中心搭建了一个方形的舞台，周围放置了33643朵红玫瑰，纪念科比职业生涯共得到33643分。每一朵玫瑰都竞相怒放，象征着科比在这里的每个角落都曾绽放过光辉。

科比的追思会从北京时间凌晨2点开始，结束时恰巧是凌晨4点。我们在“黑曼巴”设置的时间，再一次向科比和吉安娜挥手告别——此夜别梦寒，山高路遥，请多珍重……

亲爱的，你照顾好吉安娜，我照顾好其他孩子，我们依然是最佳拍档。愿你们安息，直到我们再次重聚。

“吉安娜是爸爸的宝贝女儿，她像她的父亲一样热爱竞争，也有自己的甜蜜优雅。吉安娜会说中文，写中国字，还会说西班牙语。她是一名杰出的篮球手，原本可以成为WNBA最棒的球员，原本可以让女篮发生巨大改变。

“没有她的生活无法想象，我们是多么爱吉安娜。

“科比以篮球场上的无畏斗士而闻名。他在其他领域也永远优秀，他还是一名作家和奥斯卡奖得主，大家也叫他‘黑曼巴’。科比对于我而言是灵魂伴侣，他对我的爱是无法用语言描述的……他是我的一切。科比不仅是最有价值球员，同时也是最有价值的父亲。”

——瓦妮莎·布莱恩特

首先登台演讲的是瓦妮莎——这个世界上最爱科比和吉安娜的人。这也是科比离开后，瓦妮莎首次公开亮相。

还没开口，瓦妮莎就已经开始哽咽。从17岁开始与科比相识相恋，她有着太多的深情想要诉说。

接下来的三四年，我将不得不看着我的另一个哭泣表情包火了，这是科比你对我做的。

——迈克尔·乔丹

迈克尔·乔丹专程赶到洛杉矶参加科比追思会，并透露了许多他和科比之间的趣事，比如科比会凌晨打电话和他讨论“三角进攻”，每次遇到他时都想要单挑。在乔丹眼里，科比就像小兄弟。

“当科比去世，我身上的一部分也随之死去。”说到动情之处，乔丹忍不住落泪，不过他随即调侃道，“我跟妻子说不想去参加追思会，因为我不想在接下来的三四年里看到自己哭泣的表情包。”乔丹全程都含泪演讲。

当科比在湖人做替补时，罗伯·佩林卡就认为他具有成为巨星的潜质。科比认为佩林卡是NBA为数不多真正为球员利益考虑的经纪人，双方就此开始合作。科比大女儿出生后，科比邀请其成为大女儿的教父。佩林卡还因为科比而与湖人结缘，并担任湖人队总经理。

佩林卡在讲述时强调了科比无与伦比的好胜心和学习能力。

沙奎尔·奥尼尔分享了他与科比的往事。“有队友抱怨科比不传球，我跟科比说，‘team’（团队）这个单词里没有‘I’（我）。但他却说，但team里面有‘me’（我）。”

奥尼尔补充道：“三连冠是最令我骄傲的成就，我与科比也经常开玩笑，如果当时没那些矛盾，我们本来可以一起拿下10个冠军。”

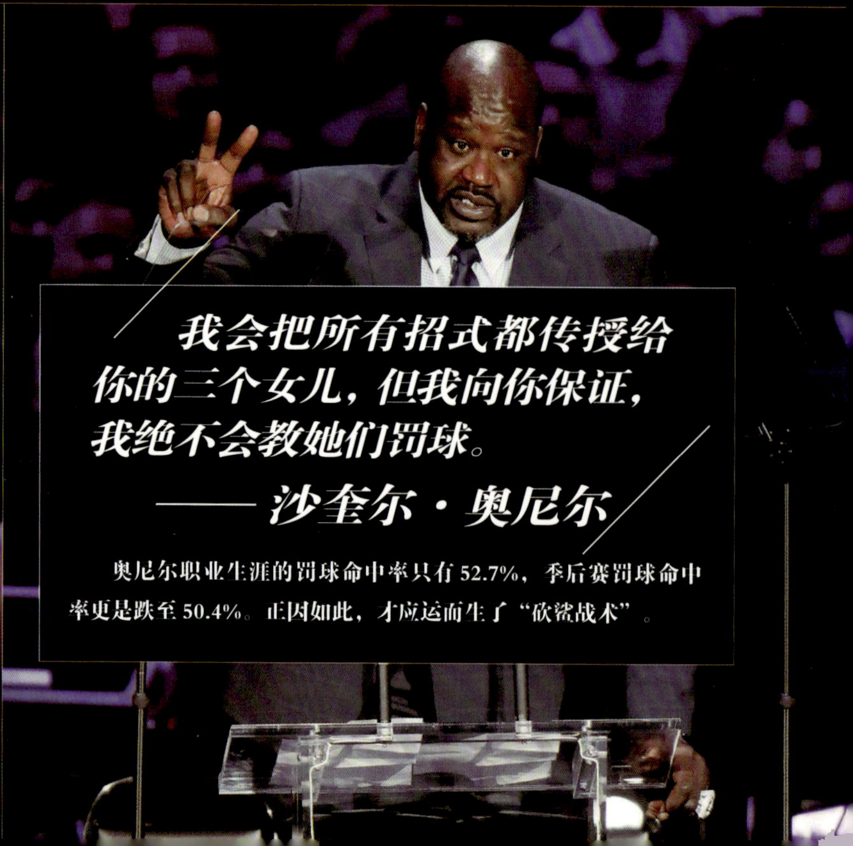

我会把所有招式都传授给你的三个女儿，但我向你保证，我绝不会教她们罚球。

——沙奎尔·奥尼尔

奥尼尔职业生涯的罚球命中率只有52.7%，季后赛罚球命中率更是跌至50.4%。正因如此，才应运而生了“砍鲨战术”。

瓦妮莎憔悴但坚韧的神情，乔丹、奥尼尔等篮球传奇笑中有泪的追忆发言，碧昂丝等演艺明星饱含深情的致敬表演，为世界还原了一个最真实的科比。

乔丹和奥尼尔的精彩发言掀起高潮后不久，追思会就迎来落幕，而意犹未尽的两万名现场观众在活动宣布结束后仍久久不愿离场，“科比！”的呼喊声响彻全场。

“别忘记：努力工作，拥抱你所爱的人。”主持人坎摩尔用这句话为整个仪式收尾。

我们挥别“黑曼巴”，但如果有一天你忘记了努力，我会用科比的故事来激励你。

尽管科比英年早逝令人心痛，但这依然是一场典型的美式追思会，嘉宾发言时而惹人泪光点点，时而又会抖出“包袱”逗乐全场。

“生命的礼赞”是祝福科比父女获得新生的温馨仪式，发言的嘉宾们金句不断，让人笑着笑着就哭了……

2020 年 2 月 1 日，洛杉矶湖人坐镇斯台普斯中心迎战开拓者，赛前湖人为科比举行了悼念仪式。

身穿 24 号球衣的勒布朗·詹姆斯代表湖人致辞。值得一提的是，他没有朗读之前准备好的演讲稿，而是脱稿说出了自己的肺腑之言。

首先，詹姆斯对遇难者家属报以诚挚的问候，随后他聊起科比几度哽咽：“感谢你，科比。‘曼巴’虽然离开，但是精神永存。”这番话说出每一个人的心声。

詹姆斯知道，唯有心怀科比的信念和精神，率领湖人继续前进，夺取总冠军，才是对科比最好的慰藉。

致辞完毕，詹姆斯模仿科比宣布退役之后的经典动作，将话筒放在地上，然后转身离开。

Mamba Out，但曼巴永生。

“我们都在哀悼，我们都很伤心，我们都很难过。我将这视作一个纪念的夜晚，纪念他20年的血、汗、泪，纪念他拖着疲累的身体一次次被击倒却一次次站起，纪念他竭尽全力追逐伟大的决心。

“今晚我们纪念那个18岁就来到这里的孩子，那个38岁退役、在过去三年可能是最好的爸爸的家伙。今晚是一次纪念，科比就像是我的兄弟，我从高中时就远远地看他打球，到我18岁进入联盟，可以近距离接触他。我铭记我们有过的所有对决，我们一直共有的东西就是追逐胜利的伟大决心。

“我想要与队友们一起继续走下去，继续他的传奇，不仅仅是这一赛季。只要我们还继续我们心爱的篮球事业，就永不放弃，因为这正是科比想要的。

“所以，用科比的话说是‘Mamba Out’，但我们会说‘永不遗忘’。永垂不朽，‘曼巴永生’，你永远在我心里，兄弟。”

——勒布朗·詹姆斯

BRYANT
24

♥随《科比：曼巴永生》倾情附赠

缅怀

Remember Kobe

各界名流巨星悼念科比语录

勒布朗·詹姆斯

Remember Kobe LeBron James

“我满脑子想着你，想着我的侄女吉安娜，想着我们之间的友谊、关系和兄弟情谊。我在周日早上从费城返回洛杉矶时还听到你的声音，万万没想到那是我们最后一次通话。天啊！我心都碎了！

“我爱你，大哥。我的心同瓦妮莎和孩子们在一起。我向你保证，会继承你的遗志！你对我来说意味着太多，特别是湖人国度。我有责任担负起这一切，继续前进！请从天堂赐予我力量，并来见证！”

我向你保证，会继承你的遗志！你对我来说意味着太多，特别是湖人国度。我有责任担负起这一切，继续前进！

在科比遇难之后的第二天，勒布朗·詹姆斯通过社交媒体表达了对科比的哀思和悼念。

詹姆斯在社交媒体上晒出一张2019/2020赛季科比来斯台普斯看比赛时两人握手的照片，照片上的他们，都笑得无比灿烂。詹姆斯在下面附上很长的一段文字。

科比和詹姆斯从来没有在总决赛碰过面，这也是球迷们常常提到的遗憾。不过，两人在多年对抗中不断成长，不断提升技术，互相勉励，这种关系是难以割舍的。詹姆斯知道，唯有带着科比的信念和精神，率领湖人继续前进争夺总冠军，才是对在天上的科比最好的慰藉。

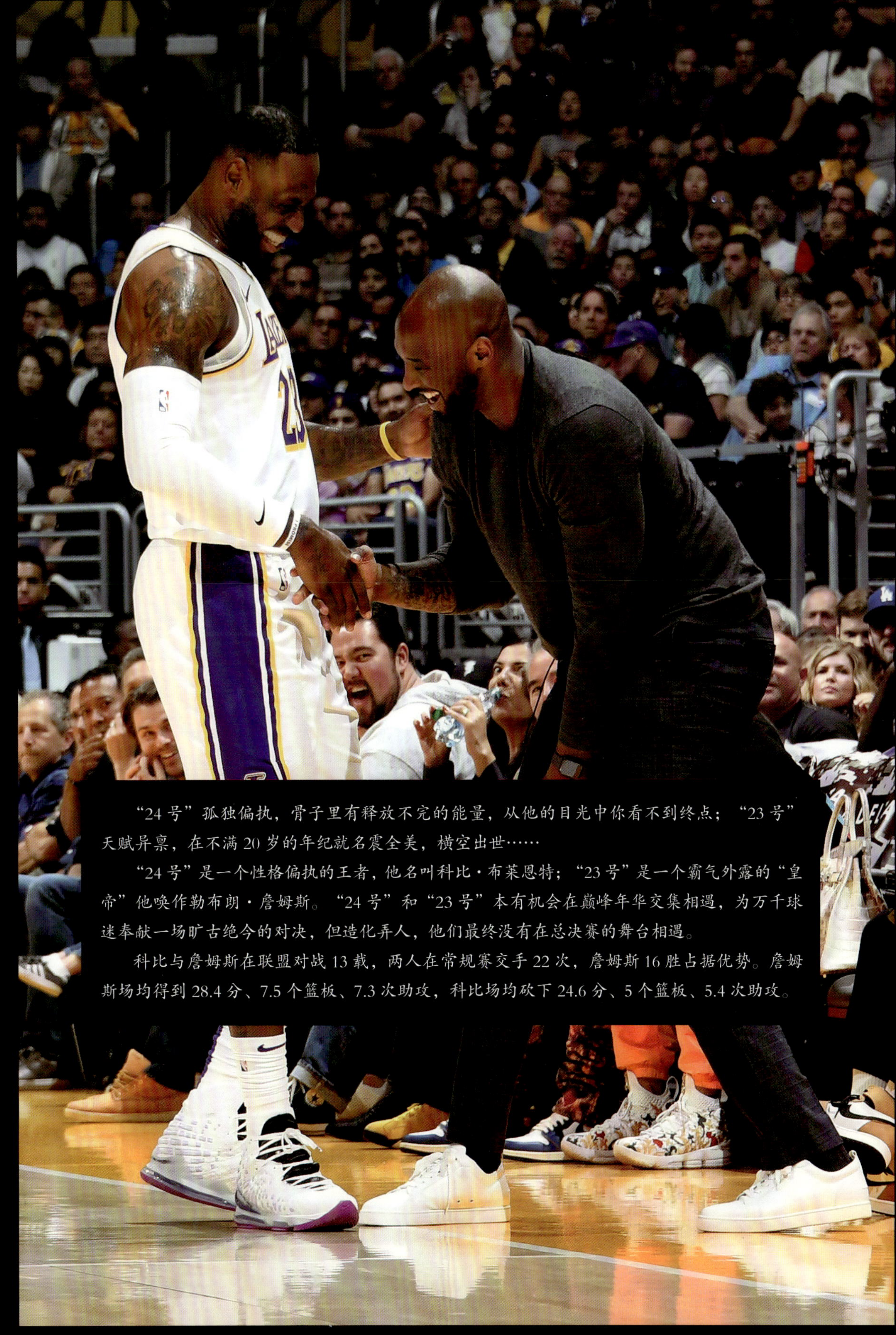

“24 号”孤独偏执，骨子里有释放不完的能量，从他的目光中你看不到终点；“23 号”天赋异禀，在不满 20 岁的年纪就名震全美，横空出世……

“24 号”是一个性格偏执的王者，他名叫科比·布莱恩特；“23 号”是一个霸气外露的“皇帝”他唤作勒布朗·詹姆斯。“24 号”和“23 号”本有机会在巅峰年华交集相遇，为万千球迷奉献一场旷古绝今的对决，但造化弄人，他们最终没有在总决赛的舞台相遇。

科比与詹姆斯在联盟对战 13 载，两人在常规赛交手 22 次，詹姆斯 16 胜占据优势。詹姆斯场均得到 28.4 分、7.5 个篮板、7.3 次助攻，科比场均砍下 24.6 分、5 个篮板、5.4 次助攻。

沙奎尔·奥尼尔

Remember Kobe Shaquille O'Neal

“那是一种痛彻心扉的悲痛，我到现在还一直辗转难眠。我不能在名人堂入选典礼上开他的玩笑了，也再没有人对我说：‘嘿，我有5枚戒指，你只有4枚。’我们再也不能说：‘如果我们在一起，会夺得10个总冠军。’我相信我们是最有统治力的内外线双人组。”

惊闻噩耗，奥尼尔已经老泪纵横。从彼此携手缔造三连冠的“湖人王朝”，到菲尼克斯全明星赛上两人共举MVP奖杯，“相逢一笑泯恩仇”，再到如今48岁的奥尼尔哭得像个孩子，也许这就是他对于科比最深的思念。

“沙克赢得开局，科比锁定胜局。”菲尔·杰克逊眯着眼睛隐隐得意。“禅师”因为拥有“OK组合”，什么战术都变得非常简单。他们几乎不可阻挡地横扫联盟所有对手，从1999/2000赛季开始，他们连续三个赛季夺冠。

“OK组合”天下无敌，可惜随着科比羽翼丰满，奥尼尔韶华老去，这对杀伤力史无前例的组合还是到了分道扬镳的一天。2003年，科比全面爆发，连续9场得分过40，湖人的领导权开始移交，然而也就是从那时起，洛杉矶这场“OK老大之争”的历史大剧便徐徐开启。

再也不能跟他说：“如果我们在一起，会夺得10个总冠军。”但我相信我们是最有统治力的内外线双人组。

科比与奥尼尔，当一个天才后卫和一个超级中锋联袂时，便开始了对NBA的王道统治。

2000年至2002年，二人携手率领湖人豪取三连冠。更为恐怖的是2001年季后赛，湖人的战绩是创历史的15胜1负。而这对组合有个响亮的名字——“OK组合”。

“O”——O' NEAL——奥尼尔，一个通过个人能力就可以改变联盟格局的人。2001年总决赛，奥尼尔场均砍下33分、15.6个篮板，完爆当年的最佳防守球员迪肯贝·穆托姆博。2002年，奥尼尔在总决赛豪取36.3分、12.3个篮板。

在奥尼尔大杀四方之时，作为“OK”中的“K”，科比也迅速成长为联盟顶级的外线得分手。在卫冕第三冠的2002/2003赛季，科比更是在季后赛场均豪取32.1分，超越奥尼尔，成为湖人最为倚重的得分点。

“OK”，顾名思义，一切完美！可惜这对超级组合因兄弟反目而解散，强盛一时的“湖人王朝”也随之崩塌，令人无限唏嘘。

菲尔·杰克逊

Remember Kobe Phil Jackson

“这是一场悲剧，我要向瓦妮莎和失去亲人的家庭致敬。科比是被（上帝）选中的那个人，他在许多方面都超越常人，我们作为教练与球员的关系非同一般，愿他在天堂安息。”

科比和“禅师”菲尔·杰克逊在1999年至2010年，共为湖人夺下5座总冠军奖杯，这其中包括一波三连冠，以及一波两连冠。在“禅师”的指导下，科比达到职业生涯巅峰，夺得一次常规赛MVP，两次总决赛MVP。

虽然“禅师”和科比之间并无查克·戴利与罗德曼那样的父子之情，他们曾经一度亦敌亦友周旋着，但这并不妨碍科比对于“禅师”的尊敬，他曾在2017年表示，希望菲尔·杰克逊成为自己进入名人堂的介绍人。

“迈克尔·乔丹或是菲尔·杰克逊一直都是我最伟大的指导者，”科比在接受采访时说，“不仅对于我的职业生涯而且还对于我的个人生活。”

虽然“禅师”一度也认为自己和科比之间缺少沟通，但时过境迁，他们无比默契，因为没有什么比共同赢得成功更加使人团结……

科比的脾气和乔丹很像：超级火爆，喜欢较劲，有着强烈的求胜欲望。“禅师”知道如何驾驭天才科比，虽然他认为科比是最难调教的球员。

1999年“禅师”成为湖人主教练后，将科比的进攻天赋开发得淋漓尽致。2004年，“三冠王朝”分崩离析之后，“禅师”辞帅。2005/2006赛季，“禅师”和科比再度携手，带领湖人熬过低谷，重登巅峰，连续夺得2009年、2010年两届总冠军。

作为获得总冠军戒指最多的主教练，“禅师”用“乔丹”“冠军”“鲨鱼”为激励，促使科比前进。

科比是与“禅师”关系最微妙的弟子。在“禅师”入主湖人时，科比还是刚步入联盟的高中生球员，在“禅师”的悉心调教下才成为顶级巨星。而乔丹和奥尼尔在遇见“禅师”之前已是成名已久的巨星。

他成了我的朋友、兄弟、导师，他教会我如何在风暴中前行。

拉塞尔·威斯布鲁克

Remember Kobe Russell Westbrook

“我对科比和吉安娜的去世感到无比悲痛。我在加州大学洛杉矶分校上学时就有幸认识科比，并与他打了一场比赛。那时的我只有16岁，便已决定要追随他的‘曼巴精神’。

他成了我的朋友、兄弟、导师，他教会我如何在风暴中前行。谢谢他成为我的偶像，不断激励着我奋进。我爱科比！我也会为这次事故所波及的其他家庭祈祷。安息吧，科比。安息吧，吉安娜。”

听闻噩耗之后，威斯布鲁克发文缅怀科比。

“他很像年轻时的我。”科比在2012年西部半决赛接受采访时力挺威斯布鲁克，称赞他是最具“曼巴精神”的球员。

联盟中谁能接过科比的衣钵？很多人会选择狂野无畏的威斯布鲁克。如今科比突然离开，期待威斯布鲁克能化悲痛为力量，将“曼巴精神”发扬光大！

有机会与科比对阵，是一种莫大的荣幸。

与科比一起度过的那些时光始终鞭策着我不断前进。他对于球迷来说意味着全世界。

凯文·杜兰特

Remember Kobe Kevin Durant

“这让人很难接受，这是个悲剧。作为一名竞争者，会讨厌做他的对手。而作为他的球迷，会喜欢他的存在。我有幸在1988年出生，赶上了科比的巅峰时期。”

你们见过各种情形下的科比：说唱时的科比、夺冠时的科比、身为人父时的科比、受伤倒地时的科比、动情落泪时的科比。你从科比身上看到了一切，他把生命活到了最饱满的状态，并乐在其中，那就是科比。

杜兰特表示：“我要向科比学习，不仅仅是篮球，还包括任何事情。”

2010年，杜兰特代表着新一代的得分高手，而科比早已是那个时代得分王的标尺。杜兰特的“第一笔季后赛学费”就交给了科比，2010年他率领“雷霆青年军”在首轮被湖人淘汰出局。

2012年，科比和杜兰特在季后赛重逢，23岁的杜兰特已经变身为联盟最恐怖的“得分机器”。在这个系列赛中，杜兰特经常在第四节后半段领防科比，让老大哥领教了自己在防守端的飞跃。

在职业生涯末期，这位年轻10岁的对手再度激发了科比的斗志。当被问到杜兰特会成为怎样的球员时，科比回答：“2.08米的我。”

特雷西·麦克格雷迪

Remember Kobe Tracy McGrady

“职业生涯初期，是科比帮我渡过难关。我们都是高中生球员，他比我早一年进入NBA，在菜鸟赛季也经历了很多的困难，当时他的建议对我很重要。吉安娜特别像科比，比赛前她跟我说：‘叔叔，不用担心，我没问题的。’她一举一动都很像科比。她的后仰跳投和其他篮球动作很漂亮，她有潜力延续科比的传奇，但现在，她再也没有机会了。”

吉安娜很像科比，有望延续科比的传奇，但现在，她再也没有机会了。

多年以前，科比和麦迪，一起被视作乔丹的最佳接班人，同样作为高中生球员入行，他们被誉为当时联盟中最有才华的绝代双骄。

相似的境遇、宿命的对决、等量齐观的身手、惺惺相惜的知己……科比与麦迪堪称一世之敌。他们分别是1996年与1997年的高中生新秀，在场上进行过无数次巅峰对决，而在场下又是知己好友，在后院一对一“斗牛”。他们有着说不尽的话题，笑约以后在总决赛的赛场上见……

时光就像标尺一样丈量着他们的距离，当时他们就像镜子中的另一个自己，在快意恩仇的NBA江湖上并驾齐驱，遥相辉映……

科比霸道锐利，麦迪潇洒写意，他们的巅峰期恰逢NBA在中国的黄金时代，一时间在遥远的东方涌现出无数的“科麦”球迷。

人们会永远记得我们在这个联盟中的竞争，但对我来说远非如此。科比是一个纯粹的篮球运动钻研者，是一个为篮球而生的人。

阿伦·艾弗森

Remember Kobe Allen Iverson

“言语无法表达我的感受，在我的脑海里，只有悲痛和心碎。我们在同一届进入联盟，那一届被称为‘96黄金一代’，这段故事曾被反复提及。在彼此对抗时，我会强烈感受到他对于比赛的尊重。为了篮球，他时刻不停地准备着，这是我们每一个人都能从‘曼巴精神’中学到的东西。他将永远是我尊敬的对手、朋友和兄弟。”

作为“96黄金一代”的翘楚，科比和艾弗森自进入联盟以来就被万众瞩目。一位是第13顺位的天才高中生，一位是最矮的黄金状元秀，他们都是视得分如拾草芥的砍分高手，都是出自费城的英雄。

1997年全明星新秀赛，科比得到31分，但那场的MVP却被砍下23分的艾弗森夺走。于是从那一刻开始，二人展开了长达13年的竞争。

2001年，总决赛第一战，斯台普斯中心，这本是科比的舞台，艾弗森却狂砍48分，凭借一己之力击败不可一世的对手。但最终湖人以总比分4比1击败76人。

科比的时代终于来临，而曾经风光无限的艾弗森渐渐暗淡，两位巨星从针锋相对逐渐变成了惺惺相惜。

科比尊重艾弗森：“我和他都是真正的得分高手，这一点不会改变，当我们70岁时依然能轻松砍分。”

艾弗森敬重科比：“很明显，科比一直是史上最杰出的球员，他每天晚上都可以奉献精彩的表演。”

伟大的对手总是亦敌亦友，真正的英雄莫过于此。

惊闻科比罹难，艾弗森在悲痛之余回忆起一件事：“在新秀赛季我第一次去洛杉矶与湖人比赛时，科比约我出去吃饭。吃完饭我去了夜店，而科比却要回球馆继续训练，这就是他一直以来的样子……”

“我的思念和祈祷与他的妻子瓦妮莎、他的孩子、他的家庭以及其他这场悲剧的受害者同在。我们会尽力一起共渡难关，因为那是科比希望我们做到的。”

艾弗森在失败和误解中长大，桀骜不驯。科比骨子里比艾弗森多了一分骄傲，少了一分乖张。这点不同造就了两个人之间的碰撞冲突，让他们每一次相遇都充满了故事，联袂书写了NBA赛场上最热血的斗士篇章。

迈克尔·乔丹

Remember Kobe

Michael Jordan

“我震惊不已，无法形容我此刻的痛苦感受。我爱科比，就像爱自己的小兄弟一样。从前我们经常交流，我会永远怀念和科比的促膝谈心。科比好胜心极强，是最伟大的篮球运动员之一，极富创造力。与此同时，他也是一名出色的父亲，深爱着自己的家庭。科比的二女儿同样热爱篮球运动，这让科比为之自豪不已。”

科比和乔丹，就像是一次轮回。年长科比十几岁的乔丹，先创出一番惊世伟业，然后功成身退。

科比出道后，总是避免不了和乔丹比较，因为他们俩实在是太像了，一样的斗志，一样的身高，连技巧和动作都相差无几。无论是上篮还是挑篮，无论是滞空的动作还是神情，都简直如出一辙。上篮得分后，科比甚至吐出舌头，那是乔丹的“专利”。

“科比是下一个乔丹”，这是媒体最热衷的话题。

1998 年 2 月 8 日，纽约全明星赛，科比与乔丹对攻砍下 18 分。2002/2003 赛季，当科比最后一次

科比刚进联盟时，我就告诉乔丹："这个孩子打球像你，说话像你，走路像你，甚至吐舌头都像你。"

斯科蒂·皮蓬

Remember Kobe Scottie Pippen

"在哀悼科比、他美丽的女儿吉安娜以及其他不幸遇难者的时候，我想和大家分享一些关于科比的故事。记得科比刚进联盟时，我在一次训练中告诉乔丹：'这个孩子打球像你，他会很特别的。'很明显，科比是我所见过的最具竞争力、最自信、最有动力的球员。"

在主场面对乔丹时，上半场就拿下42分，打破湖人半场个人得分纪录。科比用狂飙得分致敬乔丹，而乔丹用23分回敬似乎别有含义。

乔丹退役之后，科比用连续两届得分王、单场81分以及三节62分填补了NBA缺失乔丹后的个人英雄主义戏码。

2014年12月15日，科比总得分超越乔丹，升至NBA历史总得分榜第三位。

虽然科比在无缘第二个三连冠后停止了追赶乔丹荣耀的步伐，但其本身也是一段传奇。

听闻科比去世的消息后，皮蓬崩溃了，情不自禁地回忆起他与科比的往事。

"当科比还在打球的时候，他偶尔会打电话或发短信，我们会聊起篮球。他很好奇，问了很多关于如何成为一个更好的防守者和如何对付某些球员的问题。我会永远珍惜那些对话。"

"他非常在乎比赛和胜利，有一种永不满足的动力去不断学习和提高自己。鉴于他作为球员所获得的荣誉，我认为他在最近几年是最快乐的。退役对于像他这样的人来说并不容易，但他在球场外和在球场上一样成功，他爱他的家人胜过世上的一切。"

湖人最伟大的球员去世了，我很难接受这个事实。

埃尔文·约翰逊

Remember Kobe Earvin Johnson

“一位传奇、丈夫、父亲、儿子、奥斯卡奖得主、湖人最伟大的球员去世了，我很难接受这个事实。科比是我们的一位领袖，也是所有球员的精神导师。他用他的学识、时间和天赋指导了太多青少年以及大学、WNBA 和 NBA 球员。言语无法描述他对篮球运动的影响力。我知道全世界的篮球迷都会想念他，特别是洛杉矶这座城市的，他是如此标志性的人物，为洛杉矶贡献了太多。”

“科比曾热情救助流浪人员，也是女子篮球的推动者，执教女儿的篮球队为他带来太多快乐。科比和我有过太多交流，我们在场下有着太多相似之处，我将无比怀念他以及与他相处的时光。失去了科比，湖人国度、篮球运动以及我们这座城市将永远不复往昔。”

科比意外去世，“魔术师”约翰逊连发 8 条社交媒体动态来悼念科比。“就在我写这段文字的时候，我的思绪还像一团乱麻。听到科比和他年幼的女儿吉安娜在一场直升机坠毁事故中去世的噩耗，我无比震惊，痛哭了一上午。”

贾巴尔

Remember Kobe Jabbar

“在科比还是 11 岁的孩子时，我就认识他了，我和他的父亲乔·布莱恩特是旧相识，乔当时为 76 人效力。科比是一位领袖，激励了整整一代年轻球员。他是最早进入 NBA 的高中生球员之一，并成为湖人有史以来最棒的球员。我有幸见证了他的 81 分之夜，我将永远铭记那些瞬间。我要向你致诚意，愿灵魂安息。”

科比不幸去世，贾巴尔听闻噩耗，通过社交媒体录制了一段悼念科比的视频，说出上述言语。

贾巴尔在视频中补充道：“科比是一个顾家的好男人，他爱他的妻子和女儿们，是一位令人难以置信的运动员和领袖，他以各种方式激励着新一代的年轻运动员。作为最早一批从高中直接进入 NBA 的球员，科比表现出色，并且可以统治整场比赛，成为洛杉矶湖人队历史上的最佳球员之一。”

卡梅隆·安东尼

Remember Kobe Carmelo Anthony

“这是我打过最艰难的比赛，太艰难了。但根据我对他的了解，我知道他希望我能够出战。他是我的家人、我的挚友，而篮球只是我们之间最后的一条纽带。说实话，我今天压根儿就没想过跟篮球有关的事，我只知道我得打比赛。我很确定，他希望我能上场。”

看得出，安东尼是十分伤心的，突然失去这样一位挚友对其内心的冲击很大。

当初巴图姆刚进 NBA，麦克米兰教他防守诀窍：“对勒布朗，防他突破；对杜兰特，防他投篮；对科比，祝你好运。”这句话后来也用来形容安东尼。背筐靠打、面筐中投、试探步、突破、投篮假动作，“甜瓜”拥有万花筒般的进攻方式。

2009 年西部决赛掘金遭遇湖人，第一战科比与安东尼对飙，40 分对上 39 分，可谓等量齐观。之后，安东尼目送科比进入总决赛并斩获总冠军，自己却再没获得比西决更高的成就。性格决定命运，“甜瓜”缺少那种咬碎钢牙、死命抗争的杀气，这也是他与科比之间的根本差距。

科比就像阳光，照耀着洛杉矶的每一寸土地。威斯布鲁克、德罗赞、伦纳德和我这些加州的孩子，都是因为科比才打篮球的，他是我们的乔丹。

保罗·乔治

Remember Kobe Paul George

“是科比陪伴了我这个加州孩子的成长，是科比激励了我去打篮球，并告诉我需要在攻防两端都打出统治表现。”

2020年1月31日，保罗·乔治接受了采访，他曾一度被认为是最像科比的接班人。在得知科比去世的消息后，“泡椒”几度哽咽，谈到偶像时心存感恩。

“我们是在加州长大的，每天都能在电视上看到科比，他是我们所有人打球的原因，他对我们来说有不同的意义。从威斯布鲁克、德罗赞、伦纳德到我，对于所有南加州的人来说，科比是我们的乔丹，是我们的历史最佳。”

乔治再次说道：“我开始打篮球是因为科比，我像他那样在攻防两端保持攻击性，我从他那里学到很多东西。当我还是个孩子的时候，他给我留下了很深的印记，让我知道了如何去打比赛。除了天赋以外，我的一切都是从他那里学到的。我仍然无法相信！他激励着我去打篮球，统治防守端与进攻端；他让防守变得很酷，在进攻端震颤每一个防守球员。感谢他能让我在他的羽翼下成长为更好的自己。”

最后乔治语重心长地说道：“当我向（那些不知道科比的）孩子们谈起我是因为这个男人而拿起篮球的时候，这将是一份最为美妙的记忆。”

乔治还透露他考虑换回24号，以纪念科比。

我们每个人都在拼尽全力赢得科比的尊重，我们都想赢球，这样才能够达到科比的水准……这就是科比对于我们这一代的意义。

德怀恩·韦德

Remember Kobe Dwyane Wade

“他就是我们的领袖，地球今天因他而停转，他的影响力就是如此巨大。”

泪崩，韦德在1小时里连发20条视频缅怀科比，满眼都是泪水。对于韦德而言，科比既是对手，也是挚友。韦德还说道：“今天是我人生中最悲伤的一天，科比是一位伟大的领袖、伟大的人，他也是我最喜爱的球员之一。当我进入联盟时，科比是我追逐的目标。”

谁是这十年最好的得分后卫，在乔丹归隐的十年间，只有两个名字被反复提及：科比和韦德。他们风格迥异但又各具异彩，而他们的每一战都堪称得分后卫版的巅峰对决。

闪电般的切入、雷神般的飞扣、昂扬的斗志、侵略性的防守、低位不可思议的轰炸能力、犀利的突破分球……莱利在球队斩获2006年总冠军后曾说韦德就是矮了5厘米的乔丹，而在此之前，科比一直被誉为最接近乔丹的人。

科比与韦德都曾先后搭档奥尼尔夺得总冠军，而在“鲨鱼”离去之后，两人都经历了一段独自带队的黑暗岁月，也因为对母队的忠诚成为倍受爱戴的城市英雄。他们一西一东，遥相辉映，分别成为雄霸东西联盟的最强分卫。

2009年12月5日，科比面对韦德上演了“天外飞仙”三分绝杀，给二人最强分卫的对决留下浓墨重彩的一笔。

LAKERS
24

科比留下无数伟大的印记值得我们去追随，而我会沿着他的足迹继续前行。

“曼巴精神”，生生不息。

凯里·欧文

Remember Kobe Kyrie Irving

“我现在依然无法用言语表达（心中的悲痛），科比生前撒下的种子，我们会继续耕种。他留下无数伟大的印记值得我们去追随，而我会沿着他的足迹继续前行。”

噩耗传来，欧文因为伤心过度，缺席了2020年1月27日尼克斯对阵篮网的比赛。欧文一直视科比为人生导师和偶像，所以科比的陨落对欧文的打击可想而知。

悲痛之余，欧文回忆起当年找科比单挑的情形。那时正值2012年伦敦奥运会期间，欧文竟自不量力地找科比单挑，竟然还要赌上5万美元。当然，年少轻狂的欧文并未如愿。

科比虽然未与欧文单挑，却对这位执着的少年甚为欣赏，他曾多次说：“欧文是我最好的徒弟，也是现役球员中与我交流最多、球风最接近我的球员。”

2020年2月1日，篮网坐镇主场迎战公牛，赛前欧文穿着印有“Bryant”的训练服精心备战。在比赛中，欧文如有神助，23投19中，砍下54分，率队取胜，用一场“黑曼巴式”的比赛祭奠科比的在天之灵。

克里斯·保罗

Remember Kobe Chris Paul

“手指骨折，跟腱撕裂，这些你都挺过来了，你克服了一切，你与众不同！但这次不一样，我不知道能否完全接受这件事。有时候，我们之间的竞争是如此激烈，以至于你都不知道我是如何一直向你看齐的。我需要变得更加完美，需要更加努力，才能追上你。

“吉安娜，她是那么美丽和充满活力。我会全心全意地想念你，我的兄弟！这段日子，我所有的爱与瓦妮莎以及此次受难的家庭同在。”

克里斯·保罗在个人社交媒体上晒出了一组照片，照片中有科比与保罗、保罗儿子的合影，还有同样在此事故中遇难的科比二女儿吉安娜和保罗儿子的合影。

入主洛杉矶快船的第一个赛季，保罗便让球队赢得了“空接之城”的美誉。2012/2013 赛季，快船位居联盟前列，这一切都源于保罗这位超级控卫的非凡掌控力。

而洛杉矶一直是湖人的天下，一山难容二虎。随着保罗掌舵快船，这支球队便在常规赛高歌猛进，湖人却只能依靠科比的疯狂飙分苦苦挣扎。

2007/2008 赛季，科比与保罗曾在常规赛 MVP 争夺中有过一番较量，最后科比以微弱优势胜出。2012/2013 赛季，洛杉矶“同城德比”，科比虽然依旧勇不可当，砍下 40 分，但获胜的却是全民皆兵的快船，而这也是典型的保罗式胜利。

英雄来来去去，但科比永垂不朽。

凯尔·库兹马

Remember Kobe *Kyle Kuzma*

库兹马三年前被湖人选中，偶像科比成了他的队友和导师。科比遇难的消息让他撕心裂肺。

“我从小就疯狂模仿你的翻身跳投，想象自己可以像你一样投出制胜球……三年前，我终于有机会和偶像共进晚餐，聊聊篮球、生活、生意，从那天起，我的生活永远地改变了……英雄来来去去，但科比永垂不朽。”

乔尔·恩比德

Remember Kobe *Joel Embiid*

“我是因为看到科比在2010年总决赛的精彩表演才开始打篮球的，在那之前，我都没有看过篮球比赛，那年的总决赛是我人生的转折点。我曾想成为像科比一样的人，我现在超级伤心。安息吧，传奇。”

科比罹难之后，不只是篮球界，其他领域的明星也纷纷缅怀致敬科比。很显然，科比早已成为全领域的超级偶像，他的影响力无处不在……

内马尔

Remember Kobe *Neymar*

“我在中场休息的时候看到了科比离世的消息，不仅仅是篮球界，这对整个体育界来说都是一个相当大的损失。我认识他，今天的进球就是为他进的，我希望他能安息。”

2019/2020赛季法甲联赛，巴黎圣日耳曼客场与里尔进行比赛，中场休息时，内马尔在更衣室得知科比去世的消息。比赛下半场，巴黎圣日耳曼获得点球机会。将球罚进后的内马尔没有庆祝，他走向场边，对着摄像机用手做出了一个“24”，转身后又双手合十并手指天空，以此悼念刚刚去世的科比。

里奥·梅西

Remember Kobe *Lionel Messi*

“我难以言表……我要把所有的爱献给科比的家人和朋友们。很高兴认识你，很高兴曾经共享过美好时光。我们失去了一位罕见的天才。”

C罗

Remember Kobe *Cristiano Ronaldo*

“科比和女儿去世的消息令人心碎，他是真正的传奇，鼓舞了很多人。向他的亲朋好友以及所有遇难者的亲人致以我的哀悼。安息吧，传奇。”

你是我最大的体育偶像。你是GOAT（史上最佳）。

卢卡库

Remember Kobe *Romelu Lukaku*

“你是我最大的体育偶像。你的职业道德和精神给了我太多启迪，也让我明白了如何成为一名职业球员。你正翻开人生新的一页，却就这样离开，这太令人难过……我爱你！你是GOAT（史上最佳）。”

AC米兰

Remember Kobe *AC Milan*

“我们无法用言语去形容，这个悲伤的消息有多么令人震惊。科比是史上最伟大的运动员之一，也是个忠实的‘罗森内里’（AC米兰球迷的称谓）。我们与科比的家人以及所有被这悲剧影响的人同在。科比，你将永远被铭记。”

诺瓦克·德约科维奇

Remember Kobe Novak Djokovic

“我为这个噩耗感到悲痛，科比是我的导师，也是我的好友，你和你的女儿会永远活在我们心中。言语无法表达我对科比一家以及这场灾难中的其他家庭的哀悼。安息吧，我的朋友。”

2020年1月30日，澳大利亚网球公开赛男单半决赛，德约科维奇身穿印有“KB”“8”“24”的运动服入场，他用自己的独特方式缅怀科比。在“曼巴精神”的激励下，德约科维奇击败费德勒，杀入决赛，并最终夺得澳网男单冠军。他捧杯后，将目光投向天空，似乎在告慰天堂的科比。

科比是我的导师，也是我的好友。安息吧，我的朋友。

杰克·尼科尔森

Remember Kobe Jack Nicholson

“我已经习惯了看到科比，和他交流……这样的意外让人悲痛欲绝。我们第一次见面的时候，我跟他开玩笑，当时在纽约的麦迪逊花园，我递给他一个篮球，问他是否想要为我签名，他看着我的眼神就好像我疯了。”

好莱坞著名演员、奥斯卡金像奖得主杰克·尼科尔森在湖人主场斯台普斯中心有一个固定的场边座位，他在那里见证了无数特殊的时刻。

尼科尔森这样说道：“我会铭记他是一位多么出色的球员，我们会一直想念他。”

我就坐在他投篮的篮球架后面，我能够在他出手的第一时间意识到球是否会进。

科比是洛杉矶湖人的招牌球员，而好莱坞的所在地恰恰就在洛杉矶。湖人每一次主场比赛，斯台普斯中心的场边都会坐满好莱坞巨星。科比作为场上的焦点，可谓众星捧月。

莱昂纳多·迪卡普里奥、泰勒·斯威夫特、贾斯汀·比伯、金·卡戴珊等好莱坞众星纷纷发文悼念科比。

格莱美颁奖礼增加致敬科比环节，典礼现场悬挂科比球衣，主持人艾丽西亚·凯斯缅怀科比：“我们失去了一位偶像，这不仅是洛杉矶或者美国的损失，而且是全世界的损失。”

洛杉矶人民将会永远记住科比，记住这位我们最伟大的城市英雄之一，直到永远。

埃里克·加希提

Remember Kobe

Eric Garcetti

“科比·布莱恩特是一位巨人。在球场上，他用举世无双的球技，激励、鼓舞、点燃了世界各地的人们；在球场下，作为一位父亲、丈夫、天马行空的天才以及他所热爱的运动最好的代言人，他的智慧和谦逊同样值得我们的尊敬。”

惊闻噩耗，洛杉矶市长埃里克·加希提在沉痛哀悼之余发表了讲话。

“此刻，我找不到合适的语言来表达我的震惊和悲伤。整个洛杉矶都沉浸在吉安娜和她的父亲、朋友一同离去的悲痛之中。科比非常爱他的女儿们，这种爱也让他成为在女子体育领域的非凡倡导者。”

洛杉矶位于美国西海岸加利福尼亚州南部，是美国第二大城市，集旖旎的风光和大都市的气派于一身。

而在这座天堂都市中，科比无疑是星中之星。在体育文化至上的美国，体育巨星的魅力不言而喻。在洛杉矶，科比就是体育圈中的王者，是名副其实的洛杉矶之王。他在这座城市奋斗了20年，将最美的青春年华全部留在了“天使之城”，他为洛杉矶带来了5座总冠军奖杯，将荣耀与辉煌写在了美国体育的史册上。

毫无疑问，科比是洛杉矶体育史上的一位巨星，在洛杉矶享受着崇高的礼遇，并在各个领域都有着非凡的影响力。他曾受邀出席格莱美颁奖盛典，并在2011年将手印和脚印留在星光大道上，这是好莱坞历史上第一次为一位体育巨星举行如此盛大的仪式。

2016年，洛杉矶市议会决定将每年的8月24日正式命名为“科比·布莱恩特日”。8和24是贯穿科比整个职业生涯的球衣号码，同时也是科比生日（8月23日）的第二天，此举意在表彰科比在20年NBA生涯中所作出的卓越贡献。

CITY OF LOS ANGELES
FOUNDED 1781
Kobe Bryant
Kobe Bryant Day
JOSE HUIZAR
Councilmember 14th District
MIKE BONIN
FOUNDED 1781

adidas
LOS ANGELES
LAKERS

追忆

Kobe Bryant

二十四大科比印迹

MacGregor
LOWER
33
Wilson

01 英雄出少年

二十四大科比印迹

1978 年，当时效力费城 76 人的乔·布莱恩特和妻子帕姆·考克斯在一家日式料理店就餐时，对一款名叫“科比”的神户牛肉的美味赞不绝口，于是他们决定把即将出生的孩子用此命名。这看似灵机一动之举，却让“科比”成了一个之后响彻世界的名字。

1978 年 8 月 23 日，科比·布莱恩特降生了，他是家里的第三个孩子，之前两个都是女孩（2 岁的莎丽娅与 1 岁的莎娅）。作为父亲，乔·布莱恩特非常高兴，因为终于有儿子来继承自己的衣钵了。虽然喜得贵子，但是场均仅得 8.8 分的乔没办法在 NBA 立足。迫于生计，1984 年，在打完 606 场 NBA 比赛后，他带着全家远赴欧洲，辗转在意大利、法国等篮球联赛寻求发展。

虽然自幼成长于足球文化浓郁的欧洲，但小科比却对篮球痴迷不已。1981 年，这个只有 3 岁大的孩子对着乔·布莱恩特说：“爸爸，我以后要打 NBA！”乔回应：“是的，你会成为最伟大的球员。”

还在孩提时期，科比就跟着父亲一起参加篮球训练。因为远在欧洲，所以科比的童年只能伴随着 NBA 录像带度过。他对华丽奔放的“SHOWTIME”充满浓厚兴趣，“魔术师”成为他的最爱。也许就在那时，湖人的种子就根植在科比的心里，为之后二十载的紫金之缘埋下伏笔。

在法国度过 1991/1992 赛季后，乔·布莱恩特决定退役并叶落归根，于是他带领全家回美国费城定居。高中时代科比就读于费城的劳尔梅里恩高中，在那里他展现出自己的非凡天赋。

1994/1995 赛季，高三时期的科比场均能得到 31.1 分、10.4 个篮板、5.2 次助攻，被选为“宾夕法尼亚年度运动员”。科比 16 岁时就有 1.96 米的身高，能在高中级别的比赛中胜任任何位置。当时他的高中球队教练格雷格·道纳对此印象深刻：“他有着一般孩子罕有的注意力，能把全部的目标都放在篮球上，这就是他成功的原因。”

在高四时期，科比率领劳尔梅里恩高中取得 32 胜 3 负的绝佳战绩，赢得学校 42 年来的首个冠军。并且，在高中四年，科比累计得到 2883 分，打破由威尔特·张伯伦保持的宾夕法尼亚州高中生得分纪录。

1995 年，凯文·加内特作为高中生球员进入 NBA，取得空前成功，这也激励了科比。于是他在 1996 年高中毕业后毅然放弃就读大学的机会，宣布参加 NBA 选秀，提前进入篮球职业生涯。

● 1996 年新秀合影：（从左至右）马库斯·坎比、雷·阿伦、斯蒂芬·马布里、科比·布莱恩特、谢里夫·阿卜杜-拉希姆、杰梅因·奥尼尔、克里·基特尔斯、史蒂夫·纳什、约翰·华莱士、安东尼·沃克、萨马基·沃克。（遗憾的是，选秀状元阿伦·艾弗森因代表美国队参加 1996 年世界大学生运动会而缺席此次拍摄活动。）

特别链接："96 黄金一代"

1996 年是选秀大年，当时有一大批实力超群的新秀齐聚 NBA。艾弗森、科比、马布里、雷·阿伦、纳什、小奥尼尔……他们成为最为强劲的新生力量，在以后很长一段岁月里支撑着 NBA 的天空，同样也把握着联盟半数强队的命脉。

曾有人认为涌现出奥拉朱旺、乔丹、巴克利等超级巨星的 1984 年是最强新秀年，但 1996 年这批新秀的集体涌现改变了这一观点。

从加入 NBA 一开始，他们就给联盟带来了巨大的冲击，绝不仅仅是艾弗森和科比的个人实力，1996 届新秀是 NBA 选秀史上天才最为集中的一届，被誉为"96 黄金一代"。

通过 1993 年至 2002 年的十届新秀贡献百分比值来看，最高值当然是 1996 届新秀所创下的 4.2%，这个纪录至今无人打破，即便是后来出现由詹姆斯、安东尼、韦德领衔的"03 白金一代"。

更难得的是，"96 黄金一代"至少有七名球员对各自球队的贡献超过了 10%，他们分别是艾弗森、马布里、雷·阿伦、科比、斯托贾科维奇、纳什、小奥尼尔，而科比更是带领湖人三夺总冠军。

1996年选秀名单[TOP20]

1. 费城 76 人：阿伦·艾弗森
2. 多伦多猛龙：马库斯·坎比
3. 温哥华灰熊：谢里夫·阿卜杜-拉希姆
4. 密尔沃基雄鹿：斯蒂芬·马布里
5. 明尼苏达森林狼：雷·阿伦
6. 波士顿凯尔特人：安东尼·沃克
7. 洛杉矶快艇：洛伦岑·赖特
8. 新泽西篮网：克里·基特尔斯
9. 达拉斯小牛：萨马基·沃克
10. 印第安纳步行者：埃里克·丹皮尔
11. 金州勇士：托德·福勒
12. 克利夫兰骑士：维塔利·波塔潘科
13. 夏洛特黄蜂：科比·布莱恩特
14. 萨克拉门托国王：佩贾·斯托贾科维奇
15. 菲尼克斯太阳：史蒂夫·纳什
16. 夏洛特黄蜂：托尼·德尔克
17. 波特兰开拓者：杰梅因·奥尼尔
18. 纽约尼克斯：约翰·华莱士
19. 纽约尼克斯：沃尔特·麦卡蒂
20. 克利夫兰骑士：扎伊德鲁纳斯·伊尔戈斯卡斯

02 黄金之耀

二十四大科比印迹

"96黄金一代"星光熠熠,其中最为闪亮的是绰号"小飞侠""黑曼巴""Mr.81"的科比·布莱恩特，他在"96黄金一代"中宛如众星捧月般的存在。

1996年，当时年仅17岁的科比在首轮第13顺位被夏洛特黄蜂选中，后被交易到洛杉矶湖人，自此开启了职业生涯。直到2016年科比归隐，他在20年辉煌的NBA历程中创造了纪录无数：单场81分，三节62分，6场得分在60分以上，连续4场得分在50分以上，连续9场得分在40分以上，赛季平均得分超过35分。此外，科比还夺得5届总冠军。作为NBA最好的得分手之一，他的突破、投篮、罚球、三分球技术都驾轻就熟，进攻几乎没有盲区。除了疯狂得分，科比还是联盟中最好的防守人之一，贴身防守非常具有压迫性。

到了"96黄金一代"普遍迟暮、渐行渐远的21世纪10年代，科比依旧如日中天，保持联盟顶尖水准，独自扛起"96黄金一代"的大旗。

LOS ANGELES
LAKERS

03 扣篮王

二十四大科比印迹

在科比璀璨炫目的荣誉陈列室中，有一项不太起眼却凝结着青春汗水与最初骄傲的荣誉，那就是扣篮大赛冠军。1997 年，未满 19 岁的科比在那些“成年人”眼中还是一个乳臭未干的孩子。 面对无数轻蔑与嘲讽，科比急需证明自己，一个扣篮大赛冠军恰逢其时地给科比注入信心和勇气，也成为科比开辟王者之路的启航坐标。

1997 年 2 月 9 日，克利夫兰全明星扣篮大赛，同为新秀的科比和雷・阿伦悉数登场。首轮，科比分别上演单手翻身扣篮、单臂大风车、空中转体 180 度背扣，可谓精彩纷呈。可惜由于第二式扣篮失败，他仅得 37 分，但幸运地闯入决赛，而雷・阿伦惨遭淘汰。

决赛时，科比完成一记技惊四座的胯下绕球换手扣篮，这记轻盈舒展而又力量十足的扣篮动作也征服了评委，得到 49 分的高分（满分 50 分）。最终，科比力压迈克尔・芬利与克里斯・卡尔，加冕扣篮大赛冠军，他也成为此项荣耀最年轻的获得者，以及 NBA 历史上第二位新秀扣篮王。

04 小飞侠

二十四大科比印迹

“小飞侠”彼得·潘原本是迪士尼经典动画中的角色，是一个生活在梦幻岛上永远长不大的小英雄。他调皮爱冒险，在好友遇到海盗袭击后勇敢地站出来营救朋友，成为一位带着原始野蛮味道的小侠客。

科比，身形轻盈，华丽潇洒，十年如一日地执着付出，演绎着不老的神话，倒是和彼得·潘永远长不大的情况有所吻合。

科比有两个绰号：一个是凶猛狠辣的“黑曼巴”；另一个就是轻灵飘逸的“小飞侠”。而这两个绰号恰巧与他穿的两个球衣号码的时间轨迹相呼应，8 号对应“小飞侠”，而 24 号对应“黑曼巴”。

1996 年，科比以高中生身份进入联盟，他天赋出众，第一次参加扣篮大赛便勇夺冠军。他的滞空能力出色，身形矫健，飘逸和灵动的“小飞侠”称誉更适合年轻气盛的科比。初入联盟，科比在全明星赛试图与乔丹分庭抗礼，被教练摁回板凳席上，但这并不能消减“小飞侠”那份争强好胜的决心。

身披 8 号球衣的科比与奥尼尔组成横扫联盟的“OK 组合”，率领湖人三连冠，之后，“小飞侠”与“大鲨鱼”的核心之争令“湖人王朝”分崩离析。2004/2005 赛季，身边没有了奥尼尔，独自带队的科比向世人证明了自己恐怖的攻击力，单场 81 分，三节 62 分……科比用神魔级表现将偏离季后赛轨道的湖人拉入正轨。

潇洒灵动的“小飞侠”渐渐成为杀意弥天的“飞侠”，科比开启了恣意妄为的攻击之旅。他每晚都上演“一个人对抗全世界”的戏码，在赛场上疯狂倾泻着超强火力，用历史级别的得分来书写个人极致神话，却无法率领湖人取得突破性的胜利。而另一边的奥尼尔与韦德联手夺下 2006 年总冠军，这让心高气傲的“飞侠”倍受刺激。

于是，2006 年夏天之后，科比决意改变……

进入联盟的前半程，“小飞侠”的名头也分外响亮。那时科比开启高飞模式，肆意在篮筐上飞舞。这种猛冲猛打的球风配上“小飞侠”这样飘逸、豪爽的绰号，倒也相得益彰。

SPALDING
LAKERS
8
MARBURY
3
NEW YORK
21
STAPLES
DIRECTV
Sempra Energy

SPALDING
LAKERS
17
LAKERS
24
LAKERS
7

黑曼巴就像超级杀手一样，它总能给对手一种震慑感。每逢比赛时，我就会进入“黑曼巴”的状态……

——科比·布莱恩特

黑曼巴是一种蛇，最富神秘色彩、最令人畏惧，速度之快、攻击之猛、毒性之巨，都堪称极致。在篮球世界，“黑曼巴”却象征着一种力量，神秘而又强大，因为他是一个人的绰号。

人的名字可以起错，但绰号一定不会错。一个人以“黑曼巴”为名，足见他的凶猛和凌厉。

无与伦比的控制力和完美技术相结合，科比经历了低潮期的蛰伏，在81分后顿悟，于是联盟中最恐怖的“黑曼巴”就这样诞生了。科比在篮球世界中宛如梦幻杀手般的存在，黑曼巴就是他的化身

LAKERS BASKETBALL...
LOS ANGELES LAKERS
LAKERS 24
CLEVELAND 3
LAKERS 17
S. Vujacic
STAPLES
STAPLES

05 黑曼巴

二十四大科比印迹

经历过岁月的洗礼，日渐成熟的科比不再追求外在的光芒，他收敛华彩，隐忍锋芒，积蓄能量，只为球队送出制胜一击。在职业生涯后半程，科比往往在比赛伊始并不急于攻击，而是到了关键时刻才开启攻击模式，但这样的攻击更加凛冽、迅疾，令对手猝不及防。

2006 年 1 月 22 日对阵猛龙，科比独得 81 分书写旷世神迹。赛后有人问科比把自己比作什么动物，这位刚刚创造神迹的顶级得分手毫不犹豫地说："黑曼巴，地球上最致命的掠食者之一，这和我在每场球赛中的取胜之道——精准且快速是一样的。"

科比完成 81 分神迹之后，"黑曼巴"这个恐怖的名号才逐渐传播开来，这种凶残的冷血动物也无数次地出现在科比代言的球鞋、T 恤上。他和著名导演罗伯特·罗德里格兹合作拍摄的《黑曼巴》广告影片，令其冷峻、酷帅的"黑曼巴"形象更加深入人心。

2006 年 11 月 4 日，科比首次身穿 24 号球衣登场亮相，从此告别了伴随 10 个赛季的 8 号球衣，也告别了科比的"小飞侠"时代。为何选择 24 号，很多人猜测科比是为了超越乔丹的 23 号，而科比本人给出的解释则是：一天有 24 小时，一次进攻有 24 秒，希望自己每天 24 小时、每场比赛、每一次进攻都能全身心地投入。

从 2006 年到 2016 年，"黑曼巴"与 24 号伴随了科比职业生涯的整个后半程。

身穿 24 号球衣的"黑曼巴"，在 2007/2008 赛季荣膺常规赛 MVP，此后更是率领湖人夺得 2009 年、2010 年两届总冠军，作为胜利者而名载史册。

黑曼巴的杀手天性、杀手技术都与在篮球场上的科比惊人地相似，科比从此被称为"黑曼巴"。孤独、迅速、贪婪、蛰伏、致命、迷幻，这些特点科比都有，他在球场上就像黑曼巴一样令敌人畏惧。他在职业生涯中 40 次绝杀对手，当比赛进入最后的关键时刻，对手们会对科比心生恐惧，因为他们知道，科比能够投中制胜进球，就像无数亡灵命丧黑曼巴毒牙之下。

抓住对手的弱点一击致命，这是科比屡屡能够上演绝杀的原因。瞬间克敌、蛰伏隐忍、一击毙命，黑曼巴是自然界中的顶级猎杀者，而科比在 NBA 中演绎了"黑曼巴式"的传奇。

在西方文化中，蛇是贪婪的象征。科比从不掩饰自己的"贪婪"，那就是对胜利的渴望与偏执。在胜利与荣誉面前，科比就像个走进糖果店的孩子，永远保持那份渴望与执念。

特别链接：动物仿生学——科比 VS 黑曼巴

黑曼巴——最富传奇色彩、最令人畏惧的蛇类，不仅有着庞大有力的躯体、致命的毒液，更可怕的是它的攻击性及惊人的速度。它在短距离内的行动速度比马还快，10—15 毫克的黑曼巴蛇毒液就可以杀死一个成年人，而黑曼巴蛇的毒液量为 100—120 毫克，这足够杀死 6—12 个人或一匹重 600 公斤的长颈鹿。不可否认，黑曼巴是世界上速度最快、攻击性最强的蛇类。

黑曼巴与其他蛇类的最大不同在于它极强的攻击性和毒性。它的毒液是神经毒素，靠攻击猎物的神经系统而令其麻痹。而科比也被誉为联盟历史上最强的攻击手之一。

科比年轻时就以高人一筹的弹跳、柔韧性和协调性著称，他的球技也随着岁月洗礼日臻完美。当目睹湖人 24 号在场上人球合一地突破、得分时，常会给人一种灵蛇肆意游走的错觉。蛇在捕猎时，并不永远都是张着血盆大口霸气外露，它们更善于隐藏自己的杀机，然后稳准狠地发起致命一击。

LOCAL · LONG DISTANCE · INTERNET
LAKERS
55
MAGIC
3
12
LAKERS
9

06 骑扣“魔兽”

二十四大科比印迹

2004年11月13日，湖人客场挑战魔术，这是科比和2004年状元郎霍华德之间的首次对话。本场之前，湖人战绩不佳，“飞侠”的领导能力饱受质疑，他急需用一场胜利作为回击。

此役湖人整体状态低迷，仅靠科比苦苦支撑。而魔术则是多点开花，在格兰特·希尔和史蒂夫·弗朗西斯的带动下一路领先，这显然点燃了科比的怒火。第三节，科比在前场左翼45度完成挡拆后直杀禁区，此时霍华德拍马杀到，但“飞侠”仍然强行腾空而起并直接压着“魔兽”的头顶来了一记惊天暴扣，尚在菜鸟赛季的霍华德根本来不及反应，被劈头盖脸地狠狠羞辱一番。在科比完成这次表演后，安利中心顿时一片哗然。虽然科比砍下41分、7个篮板、8次助攻，但魔术却有四人得分达到20分以上，最终湖人以113比122告负。

比起这场失利，科比对“魔兽”的这记骑扣显然更让人记忆犹新。霍华德在日后回忆起这个尴尬时刻时表示，科比的这次羞辱性扣篮令他终生难忘，也让他下定了报仇雪恨的决心。

尽管这记刚猛至极的骑扣被评为当年的最佳镜头，也堪称科比职业生涯的最佳一扣，但对科比而言，不过是那个失败赛季的零星点缀，过眼云烟而已。

07 81分

二十四大科比印迹

2006年1月22日，湖人主场对战猛龙。此前，“紫金军团”背靠背不敌太阳和国王遭遇两连败，这让心高气傲的科比无法容忍，坐镇斯台普斯中心迎来多伦多猛龙，此役不容再失。

然而猛龙反客为主，第一节22投15中，命中率高达68.2%，以36比29领先于湖人。科比10投5中得到14分，率队苦苦支撑。

第二节，猛龙在迈克·詹姆斯的率领下继续持续猛攻，半场战罢，豪取63分。反观湖人，除了科比外，众将纷纷哑火，16投仅3中。纵然科比在第二节8投5中得到12分，依然无法改变球队以49比63落后14分的窘境。

斯马什·帕克、拉玛尔·奥多姆和夸梅·布朗等人一次次浪费着科比的妙传，这一幕不禁令人想起孤胆英雄的悲怆。

上半场科比得到26分，依然不能扭转战局。第三节开始后，猛龙一度领先18分，科比决定独揽开火权，进攻不再依靠队友。于是，史上最为壮观的个人半场得分表演开始了。

冲入篮下、中距离、三分线外发炮……科比在第三节15投11中，其中三分球5投4中，单节豪取27分，率领湖人反超猛龙6分。

第四节，猛龙疯狂反扑，前三节已砍下53分的科比不得不再次披挂上阵。2005年12月20日湖人主场对阵小牛时他曾三节砍下62分，因为分差过大，第四节作壁上观，所以此前科比单场得分最高仅为62分。

末节决战，猛龙虽然强势续命，怎奈科比已经手握“屠龙宝刀”，一场杀戮在所难免。最终，科比在第四节再添28分，反观猛龙全队仅得19分。一人吊打一队之后，“屠龙”完毕。

科比全场46投28中，三分球13投7中，罚球20投18中，疯狂砍下81分，倾一己之力率领湖人以122比104击败猛龙。

27岁的科比砍下81分，打破埃尔金·贝勒保持的71分湖人得分纪录，也超越“飞人”乔丹的69分，成为继张伯伦、贝勒、大卫·汤普森和大卫·罗宾逊之后加入70分俱乐部的第五人。

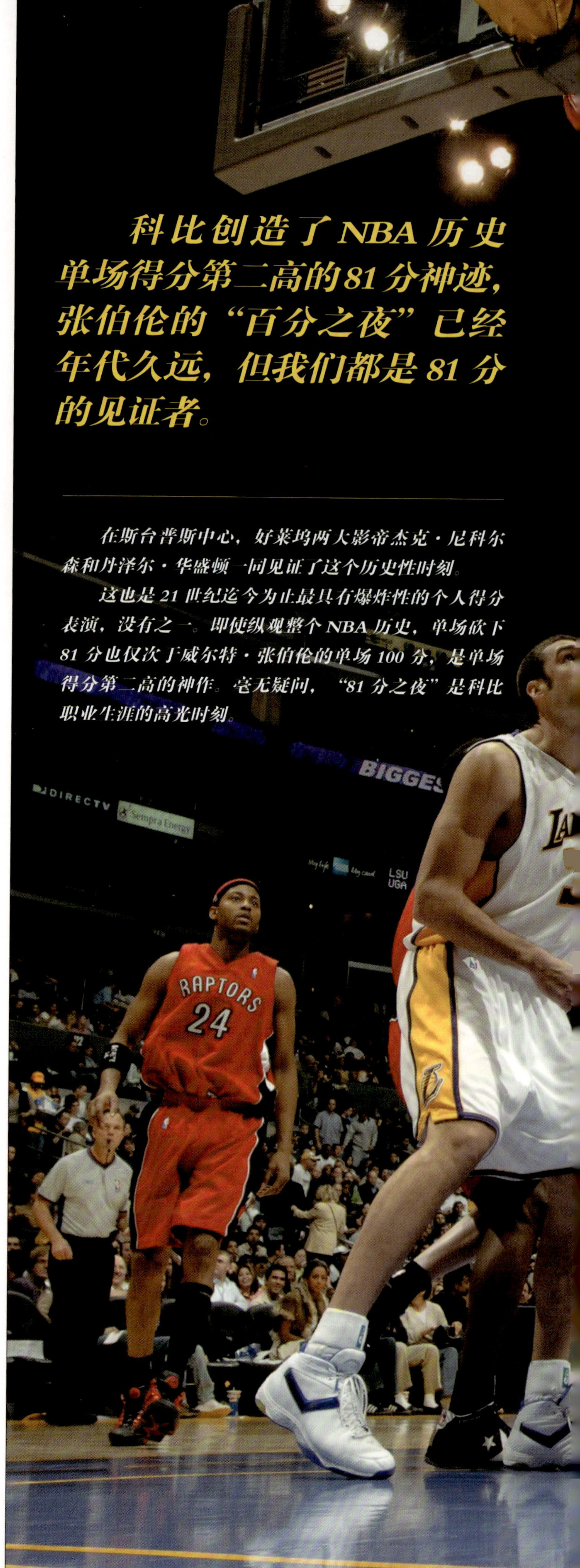

科比创造了NBA历史单场得分第二高的81分神迹，张伯伦的“百分之夜”已经年代久远，但我们都是81分的见证者。

在斯台普斯中心，好莱坞两大影帝杰克·尼科尔森和丹泽尔·华盛顿一同见证了这个历史性时刻。

这也是21世纪迄今为止最具有爆炸性的个人得分表演，没有之一。即使纵观整个NBA历史，单场砍下81分也仅次于威尔特·张伯伦的单场100分，是单场得分第二高的神作。毫无疑问，“81分之夜”是科比职业生涯的高光时刻。

LAKERS
8
7
31
3
5
TOYOTA
BUD LIGHT
LAL 2
TOYOTA
PEPSI
RAPTORS
13
LAKERS
54
RAPTORS
5

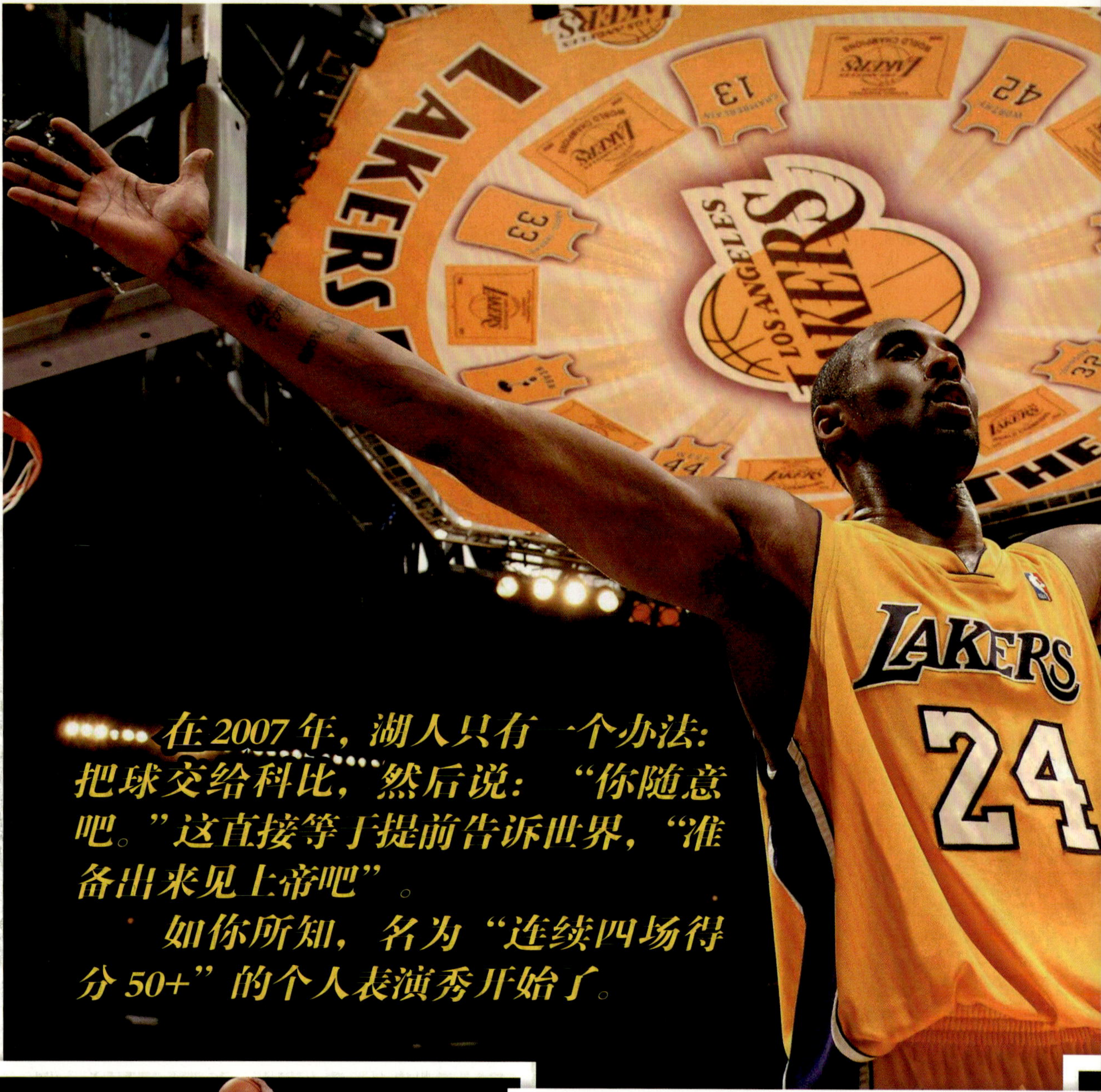

在2007年，湖人只有一个办法：把球交给科比，然后说："你随意吧。"这直接等于提前告诉世界，"准备出来见上帝吧"。

如你所知，名为"连续四场得分50+"的个人表演秀开始了。

08 连续四场得分50+

二十四大科比印迹

2007年3月16日，湖人主场迎战开拓者，此前湖人遭遇七连败，季后赛资格岌岌可危。危急时刻，又是科比挺身而出……

科比全场39投23中，三分球12投8中，罚球12罚11中，贡献65分，率领湖人以116比111击败开拓者。

终于结束了执教生涯最长的连败，“禅师”在赛后总算松了一口气：“他们也无法阻止科比得分，感谢上帝，科比是我们的球员。”

此后，科比更宛如利刃出鞘、迅雷破空，开启了职业生涯中最为宏大、最为漫长的连续得分之旅。

两天后，2007年3月18日，湖人主场迎战森林狼。科比全场35投17中，砍下50分，连续两场得分至少50分。

2007年3月22日，湖人客场挑战灰熊。科比全场37投20中，18罚17中，砍下60分，率领湖人以121比119击败灰熊。

2007年3月23日，湖人背靠背客场挑战黄蜂。科比的火力丝毫未减，全场29投16中，罚球16投全中，拿下50分，率领湖人以111比105战胜黄蜂。自此，科比完成连续四场得到至少50分的壮举。

65分、50分、60分、50分，科比的表现已将NBA历史上其他巨星都甩在了身后。当然横亘在他面前的依旧是“大北斗”，张伯伦连续七场得到至少50分的天人表现似乎已成为传说。

除了连续四场得分至少50分以及单场独得81分，科比还创造过连续九场至少得到40分（2003年2月7日至20日）、三节豪取62分、赛季场均得到35.4分（2005/2006赛季）等壮举。此外，科比职业生涯一共有六场得分在60分以上，蝉联两届得分王（2005/2006赛季、2006/2007赛季），还荣膺全明星赛总得分王。

科比职业生涯的总得分为33643分，排名历史得分榜第三位，超越迈克尔·乔丹（32292分），仅次于“天勾”贾巴尔（38387分）和卡尔·马龙（36928分）。虽然科比职业生涯的总得分被勒布朗·詹姆斯在2020年1月26日超越，但不可否认，科比是一个飙分狂人，是NBA历史上最伟大的得分手之一。

这是我参加的最后一届奥运会，我乐享其中。“黑曼巴”要正式离开奥运舞台。
——科比·布莱恩特

09 奥运双金

二十四大科比印迹

2008 年之前，科比对于世界篮坛而言更像是一个传说。那个神乎其技的篮球第一人，那个射落 81 分的凛冽“黑曼巴”，更像是生活在一个神话的世界。

2006 年世锦赛，“梦七队”折戟日本，败给“黑马”希腊队，美国的篮球老大地位受到前所未有的挑战。为了捍卫“梦之队”的至尊荣耀，科比不得不亲自披挂出征，于是有了奥运篮球史上最为精彩的个人时段。

2008 年 8 月 23 日，北京奥运会男篮决赛，科比用一记霸气的“3+1”击碎了西班牙人逆袭的梦想。进球后，他摆出噤声手势，在响彻球馆的欢呼声中，“梦八队”完成救赎，以 118 比 107 击败西班牙队，夺得北京奥运会金牌。

2012 年伦敦奥运会，美国队与西班牙队在男篮决赛中再度交锋。科比又一次发威，单节取下 7 分，全场贡献 17 分，率队以 107 比 100 击败老对手，夺得伦敦奥运会金牌。这一次，科比虽然没有表现出在北京夺冠时的舍我其谁架势，但他沉稳老辣依旧，是“梦十队”的定海神针。

2012 年伦敦奥运会，科比场均仅上场 17 分钟，贡献 12.1 分，位列全队第四。这是科比参加的最后一届奥运会，他已经完成了自己的使命，未来将是年轻人的天下。当这位伟大的球员离开奥运赛场时，一切将成为传奇。

10 黄绿大战

二十四大科比印迹

2007年夏天，“狼王”凯文·加内特、联盟第一射手雷·阿伦携手东进，与东部第一全能小前锋保罗·皮尔斯组成名动一时的“BIG 3”，实力不容小觑。

2008年2月，保罗·加索尔空降洛杉矶，与科比的组合渐入佳境。“大加”技术细腻、手感柔和。更重要的是，他的机动性和高位策应让“三角进攻”重现神威。

于是在2008年6月，常规赛打出66胜的凯尔特人与打出57胜的湖人会师总决赛。前两战，湖人迷失在TD北岸花园球馆的绿色海洋中，凯尔特人两战全胜。转战洛杉矶，一场刀刃战后，科比斩落36分，率领湖人以87比81赢得胜利。

第四战，湖人一度领先24分，但惨遭韧性十足的“绿衫军”强行逆转，被迫上演了NBA总决赛史上最经典的一次翻盘，以91比97输给凯尔特人。

第五战，皮尔斯砍下38分，却在最后时刻被科比抢断、快攻、扣篮一条龙，拱手让出胜局。带着2比3的总比分，湖人再一次飞赴波士顿。

第六战，在TD北岸花园球馆，科比遭遇职业生涯最耻辱的一败。39分的分差，溃不成军的湖人，加内特的咆哮欢呼，皮尔斯倾洒在里弗斯头上的“佳得乐浴”，以及凯尔特人那肆无忌惮的欢庆画面，都成为复仇的种子深埋在科比的心里。

“亚军是最大的失败者！”作为当赛季的常规赛MVP、联盟第一人，科比在那个夜晚竟然想借酒浇愁……

之后，经过2008年北京奥运会的成功洗礼，科比再一次回到NBA赛场时已经变得无人能敌。2008/2009赛季，湖人几乎兵不血刃地以4比1击败魔术。再次夺得总冠军的科比意犹未尽，因为他还没有击败凯尔特人。

“不是冤家不聚头”，2009/2010赛季，以詹姆斯领衔的骑士所向披靡，东部还有“魔兽”和“闪电侠”磨刀霍霍，剑指总冠军。在西部，安东尼、杜兰特等天才小前锋们秣兵砺马，德隆、罗伊、罗斯为代表的后卫刺客伺机而动。但最终，湖人和凯尔特人还是笑到最后，2010年总决赛，他们又一次会师了。

2009年夏天，湖人招募了“野兽”阿泰斯特，有了决定胜负的X因素。而均年过三旬的凯尔特人“三巨头”又老了两岁，常规赛胜场数也比两年前少了16场。此消彼长，科比迎来复仇的最佳时机。

“紫金军团”与“绿衫王朝”的王朝对决震惊世界。首战，科比单节砍下14分，率湖人以102比89取胜。第二战，雷·阿伦半场射入7记三分还以颜色。第三场末节，“老鱼”费舍尔独得11分，奇兵制胜。第四战、第五战，湖人连输两场，被逼到悬崖边上。第六战，保罗·加索尔突然发威，砍下17分、13个篮板和9次助攻的“准三双”数据，湖人也展开强硬防守，仅让凯尔特人得到67分。

前六场双方战至3比3平，其惨烈与焦灼程度堪称空前，细节无须赘言。抢七大战在洛杉矶斯台普斯中心上演，虽然科比被彻底封锁，24投仅6中，但加索尔的19分、18个篮板，以及阿泰斯特的20分、5次抢断，足以击溃对手。

终场哨音响起，科比站到技术台上，手持篮球，向着漫天的彩带和欢呼的人群展开双臂，肆意呐喊，宛若加冕的君王。这是科比的第五个总冠军，也是最后一个。若没有2008年的败北，这次夺冠不会如此酣畅淋漓；若没有凯尔特人这样强悍的对手，科比的伟大五冠时代也会悄然失色。

在NBA中有很多宿敌，而湖人与凯尔特人无疑是最经典的一对。“紫金军团”与“绿衫王朝”共夺得33个总冠军，其中的12个总冠军是两队直接交锋的结果。

2008年总决赛，当时已夺得14冠的湖人又一次面对坐拥16冠的凯尔特人，这是科比领衔的“紫金双塔”与凯尔特人“三巨头”的第一次巅峰对决。

LOS ANGELES LAKERS
The Finals
BRYANT 24
CELTICS 34
CELTICS 20
CELTICS 30
CELTICS 5
LAKERS 7
TOYOTA
AMAZING IS BE
om/tickets
8:15
CELTICS 34
LAKERS 21
BRYANT 24

TOYOTA
BRYANT
24

1 2000 年总冠军戒指

诸多钻石簇拥着“1”，象征着湖人 12 年后再次夺得总冠军，也是 21 世纪的首个总冠军。

2 2001 年总冠军戒指

用钻石镶出两座奥布莱恩金杯，象征着进入新千年后湖人连续两年夺得冠军。

3 2002 年总冠军戒指

三个银色三角形钻石围绕在中央的紫色三角旁，寓意湖人的“三角进攻”天下无敌。

4 2009 年总冠军戒指

用 15K 金寓意湖人夺得队史第 15 冠。戒指由白金和黄金打造，每一枚戒指都会有一颗钻石被刻上代表湖人的“L”字母。

5 2010 年总冠军戒指

戒指上有两座奖杯，代表着湖人连续两次夺得冠军。为了纪念队史第 16 冠，由 16K 金打造。戒指上还有每个球员的 3D 头像。

11 五冠至尊

二 十 四 大 科 比 印 迹

2010 年，科比拿下第五冠，为湖人夺得历史第 16 座奥布莱恩金杯的同时，也追平了“魔术师”约翰逊，成为 60 年中率领湖人夺冠最多的巨星。这意味着科比已经迈入属于乔丹、约翰逊、拉里·伯德这些天皇巨星的俱乐部。

原本人们认为各拥有四枚总冠军戒指的奥尼尔和邓肯是 21 世纪最伟大的篮球运动员，两人的比较难分伯仲。不过随着总冠军越拿越多，科比毫无争议地成为 21 世纪球员中的第一人，原来“石佛”与“鲨鱼”的争论已经逐渐失去了意义。

当湖人以高调卫冕的方式为 2010 年季后赛拉下帷幕时，你会发现，21 世纪的第一个十年以“OK 组合”的三连冠澎湃开始，最后由“紫金双塔”的两连冠写意收尾。只有卫冕才能称为“王朝”，科比成为“五冠紫金王朝”当之无愧的奠基人。

2000

2001

2002

科比夺得五冠统计表

年份	成绩
2000 年	洛杉矶湖人 4 比 2 胜印第安纳步行者
2001 年	洛杉矶湖人 4 比 1 胜费城 76 人
2002 年	洛杉矶湖人 4 比 0 胜新泽西篮网
2009 年	洛杉矶湖人 4 比 1 胜奥兰多魔术
2010 年	洛杉矶湖人 4 比 3 胜波士顿凯尔特人

12 MVP

二十四大科比印迹

乔丹之后，还没有谁能够那么接近神，甚至超越神，但科比做到了。可是，即使再多的神迹、再多的垂青，都换不来联盟对他的认可。即便上演单场 81 分、赛季场均 35.4 分的疯狂砍分秀，联盟还是以战绩为由，贬去他的常规赛 MVP 资格，而把奖杯颁给了传球大师“风之子”纳什。

尤其是在 2007 年，小牛被“黑八出局”之后，“诺天王”却尴尬地接过 MVP 奖杯，而那时的科比依旧两手空空，这是不是极大的讽刺？

相比乔丹的五座常规赛 MVP 奖杯，科比手中那孤零零的一座奖杯显得实在太少。

2007/2008 赛季，科比 82 场常规赛全勤，场均贡献 28.3 分、6.3 个篮板、5.4 次助攻，率领湖人取得西部第一的 57 胜战绩，

终于首次荣膺常规赛 MVP，也是其职业生涯的唯一一座常规赛 MVP 奖杯。

虽然科比在常规赛只收获了一个 MVP 奖杯，但他却是名副其实的 MVP 先生。每次在客场比赛，科比总能收获地动山摇般的“MVP”呼声，这是对客队球员最崇高的礼遇。

纵观科比 20 载职业生涯，“MVP”也是对他最好的诠释。虽然他只得过 1 届常规赛 MVP，但 2 届总决赛 MVP 和 4 届全明星 MVP 的加持，让他这位最有价值球员成色十足。

2002 年费城全明星赛，科比全场得到 31 分，率领西部明星队获胜，捧起自己的第一座全明星 MVP 奖杯。此后，科比又在 2007 年、2009 年、2011 年三次荣膺此项荣誉，成为历史上（与鲍勃·佩蒂特并列）夺得全明星 MVP 次数最多的球员。

2009 年，科比率领湖人杀入总决赛，并且以 4 比 1 的大比分轻取魔术夺冠。在总决赛里，科比场均砍下 32.4 分、7.4 次助攻、5.6 个篮板，赢得首个总决赛 MVP。

2010 年，湖人和凯尔特人再次相遇总决赛，鏖战七个回合，湖人夺冠。科比场均砍下 28.6 分、8 个篮板、3.9 次助攻，蝉联了总决赛 MVP 这项至尊荣耀。

作为一名成功者、一个胜利者、一位 MVP 先生，科比早已深入人心。

即使伤病缠身却永不言退，科比已经在 NBA 的王者史册中嵌入“黑曼巴”独有的那段印迹，甚至他的每一个笑容都散发着 MVP 的光辉。

13 单季六绝杀

二十四大科比印迹

2009/2010赛季，科比六次绝杀对手，热火、雄鹿、国王、凯尔特人、灰熊、猛龙相继沦为他的刀下亡魂。

在乔丹归隐后，科比已成为联盟最无解的绝杀者。他的无解恰恰在于可预见性，在最后一击时所有人都知道科比要绝杀了，可明知必死无疑的对手却无能为力，在恐惧中做着殊死抵抗，然而结果无一例外是被一击毙命。

每当最后关头紧咬比分时，对手就能闻到死亡的气息。“黑曼巴”犀利吐信如死神之吻，对手在惊恐中顿然倒地……一次又一次，科比重复着如此的桥段，把绝杀演绎得淋漓尽致。

对于科比，绝杀只是一种常态，因为在所有人都感到紧张窒息、无所适从时，科比却只是在酝酿着一次决定比赛胜负的跳投而已，而这记跳投他已经在场下无数次地练习过。

以他的自信，哪怕是对方夹击，最后时刻他也会毫不犹豫选择出手。比如湖人对阵热火，科比在韦德的紧贴下基本看不到篮筐，可他依然凭借信念将球射出，结果球运行着诡异的弧线打板命中绝杀。

特别链接：六大绝杀实录

1. 2009年12月5日，湖人对阵热火。最后3.2秒韦德两罚一中，热火以107比105领先，几乎锁定胜利。此后，科比接球、转身、漂移、出手，以超远距离三分压哨打板入筐，即使韦德高高跃起也无济于事，科比依然完成了职业生涯中最为惊心动魄的绝杀。最终，湖人以108比107战胜热火。

2. 2009年12月17日，湖人客场挑战密尔沃基雄鹿，比赛进入加时赛。在加时赛比赛还剩5.4秒时，科比稳稳跳投，球画出一道美妙的弧线空心入网。凭此压哨绝杀，湖人客场以107比106涉险过关。

3. 2010年1月2日，湖人坐镇主场迎战国王。比赛的最后4.1秒，湖人落后2分。科比成功摆脱纠缠，在边线处接到加索尔的传球，不经调整直接弹起，在终场前0.1秒出手三分，球精准入筐！109比108，湖人绝杀国王。

4. 2010年2月1日，波士顿TD北岸花园球馆，比赛结束前7.3秒，科比面对雷·阿伦的贴身防守强行起跳投篮完成绝杀。90比89，湖人从波士顿带走一场胜利。

5. 2010年2月24日，湖人客场挑战灰熊。比赛结束前54秒，科比用一记三分球追平比分。最后18秒，科比的上篮遭遇封盖，球出界后，湖人叫了暂停。之后，科比在终场前4.3秒三分命中，绝杀灰熊。

6. 2010年3月10日，湖人坐镇斯台普斯中心迎战猛龙。最后时刻，波什在弧顶果断三分出手命中，打平！还剩9秒，湖人底线罚球，科比溜到右侧底角，面对双人防守，他冷静地后仰命中，绝杀猛龙，单赛季六次绝杀就此达成。

如果比赛只剩下6秒或者更少时间时需要一次绝杀，在科比和迈克尔之间，我会选择科比。

——“禅师”菲尔·杰克逊

断腱，倒地，跟跄爬起，两罚命中，科比依然坚强地走下场去，留给世界一个强者的背影。

我们无法想象没有科比的湖人会是怎样，因为多年来已习惯“黑曼巴”带伤上阵。

执拗，偏执，杀意弥天，敌围千重吾独往矣，这些铸就了“紫金军团”的风骨和灵魂。

14 断腱之殇

二十四大科比印迹

2013 年 4 月 13 日，湖人对决勇士，科比砍下 34 分，并在第四节连中三记三分，使得狂飙 47 分的库里饮恨斯台普斯中心……然而科比在最后时刻摆脱巴恩斯时右脚失衡，左脚掌落地后跟腱撕裂，他忍痛两罚全中，随后离场。

科比几乎用惨烈的代价完成“必进季后赛”的誓言，而湖人挟其余勇一举杀入西部前七，目标达成。

科比在职业生涯中受伤无数，而这次跟腱撕裂是最为致命的伤。这次受伤足以给其职业生涯带来毁灭性的打击，伤愈后的他将失去以往的爆发力与弹跳力，不再是无所不能的“黑曼巴”。果然，伤愈复出后的科比不复当年之勇。

2013 年 12 月 18 日，科比刚刚复出九天就在一次冲撞中左腿胫骨骨折，休战六周复出没多久后宣布赛季报销。2015 年 1 月 22 日，在湖人与鹈鹕的比赛中，科比撞伤肩膀，赛后检查出肩袖撕裂，再一次赛季报销。

进入 NBA 之后，“受伤不下火线”是科比的常态。尤其从 2007 年之后，科比几乎没有健健康康地打完一个赛季。手指、手腕、膝盖、腰腹、后背的伤病不胜枚举。进入而立之年后，科比本该注重保养，从而延长职业生涯，但对胜利极度渴望的他反而更加频繁地带伤上阵，透支身体的极限。

鼻

2012年全明星赛
在一次暴扣时导致鼻梁骨折

右肩

2002年12月客场挑战勇士
右肩被撞脱臼，
且此后多次被撞

右肘

2000/2001赛季
肘关节滑囊炎

右手手掌

1999/2000赛季
季前赛对阵奇才
右手第四掌骨骨折

右手小指

2008年2月对阵篮网
右手小指被打伤，
赛后被诊断为韧带部分撕裂

右手无名指

2009年1月对战骑士
防守詹姆斯时右手
无名指严重挫伤

右膝

通过手术治伤
次数最多的部位

右腿

1998/1999赛季
右腿骨有极轻微的骨裂现象

右脚踝

2005年1月13日至2月13日
因右脚踝严重扭伤休战1个月

背

2008年西部半决赛
湖人对爵士第四战
在一次强行转身
跳投时背部严重拉伤

右手腕

2011/2012赛季季前赛
右手腕三角韧带撕裂

腰

2001年12月客场对阵灰熊
被撞到腰部，并留下了
髋关节损伤的后遗症

2008年季后赛对战爵士
被诊断出腰部
某根小骨移位

右手食指

2009年12月迎战森林狼
右手食指被误伤，
食指关节间隆突骨折

左膝胫骨

2013年12月18日对阵灰熊
在与托尼·阿伦对抗时，
造成膝盖过度拉伸，
且坚持留在场上，
结果导致骨折

左脚跟腱

2013年4月13日
对阵勇士比赛终场前
遭遇严重伤病退场，
第二天湖人称
科比左脚跟腱撕裂

左脚踝

2013年3月15日对阵老鹰
跳投落地，左脚踝严重受伤

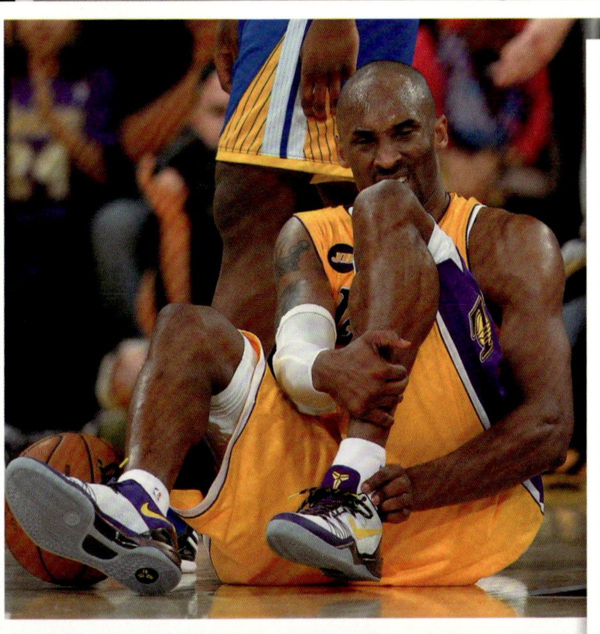

15 超越乔丹

二十四大科比印迹

2014年12月15日，湖人客场挑战森林狼，对于科比和他的球迷来说，将迎来历史性的时刻。通过此役，"飞侠"的职业生涯总得分超越乔丹，升至历史第三位。

本场比赛之前，科比距离乔丹的32292分只有8分差距，只要他拿到9分，就将完成对"飞人"的超越。

湖人之前取得两连胜，士气正旺，但此战开局不佳。科比前4投全失，首节结束，科比得到4分。第二节还剩6分钟，科比重新回到场上，刚上来就命中一记三分球，将与乔丹的差距缩小到2分。1分钟之后，科比造成拉文犯规，走上罚球线，历史性的时刻即将到来。暂停过后，"飞侠"上场稳稳两罚两中，得到职业生涯的第32293分。现场特意为此叫了个暂停，全场球迷起立为科比欢呼，连森林狼的球员也上前拥抱科比，向他致敬。

最终，湖人在科比的带领下以100比94击败森林狼，取得赛季首次三连胜。而科比全场进账26分，职业生涯总得分达到32310分。赛后科比将本场比赛的用球带走，作为自己超越乔丹的最好礼物。

如果我说这不意味着什么，
那就是在撒谎。这一刻到来时，
我会欣喜若狂。

——科比·布莱恩特

24
NBA

16 告别季

二十四大科比印迹

2015 年 11 月 30 日，在 2015/2016 赛季还剩 66 场比赛时，科比亲笔撰文表示在本赛季结束时退役。纵然球迷千般不舍，但“天下没有不散的筵席”。在科比公布了自己的退役决定后，余下的每一场比赛都充满别离的意味。

当科比言明这是最后一季时，他的每一场比赛都几乎成为职业生涯的绝唱。科比享受着与老朋友的告别，无论是多年的宿敌还是战友，一个拥抱，几句寒暄，有的是不舍的温情与超越恩怨的浓情厚谊。

一时间，球迷从世界各地纷纷赶来，只为一睹“黑曼巴”在球场上的最后风采。每到一处，科比都会享有当家球星的待遇，镜头为他聚焦，球迷为他呐喊，对手和他拥抱致敬。

38 岁的科比进行着最后的退役巡演，每个人都在用自己的方式送别这位英雄。客队纷纷向科比致意，连多年宿敌凯尔特人也赠送了科比主场地板。

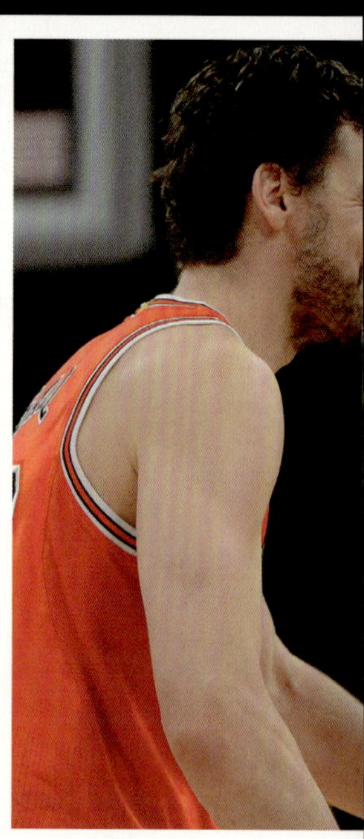

BRYANT
24

科比与加索尔的拥别，令人想起他们携手并肩的岁月。而与加内特、韦德的告别，则是老对手之间的彼此致意，那些硝烟弥漫的岁月、那些兵锋相向的日子，都变得云淡风轻，他们之间更多的是老友间的情谊。

2016 年 3 月 11 日，“23 VS 24”最终回，科比和詹姆斯的最后一战，科比 16 投 11 中，砍下 26 分、5 个篮板，几次与詹姆斯直接对话，更是秀出美如画的后仰跳投。詹姆斯用 24 分来回应科比，此番战罢，“23 VS 24”就此别过。

参加最后一次全明星的科比没有伤感，只有欢乐，没有不舍，只有传承。距离比赛结束 1 分 06 秒时，科比被换下，他与队友及主帅波波维奇一一拥抱，全场球迷高喊他的名字，令他享受到最美好的爱戴与致敬。

科比职业生涯终极数据

常规赛数据

科比职业生涯常规赛共出场1346场，首发1198场。出场时间48638分钟，排名历史第6位。25场砍下至少50分，外加40次绝杀。

季后赛数据

科比职业生涯季后赛共出场220场，首发200场，出场时间为8641分钟，季后赛总得分为5640分。

命中次数

科比在职业生涯里共出手26200次，命中11719次，命中次数排名历史第5位。三分球出手5546次，命中1827次；罚球10011次，命中8378球。

17 退役之战

二十四大科比印迹

60 分，科比在职业生涯最后一场 NBA 比赛里，给现役年轻后辈们树立了一个飙分的标尺，这是 2015/2016 赛季的最高得分，也是该赛季唯一的 60 分。

2016 年 4 月 14 日，常规赛的收官之日，全世界的目光都聚焦在了斯台普斯中心，这让正在甲骨文球馆创造 73 胜历史纪录的金州勇士略显黯淡。

爵士在赛前已经确定无缘季后赛，但他们绝不甘心沦为科比告别战的配角。开场后，科比手感冰凉，前 5 投尽失，湖人 5 分钟没有得分，爵士趁机取得领先。此后，科比状态回暖，半场砍下 22 分，但湖人还是带着 15 分的落后进入下半场。

易边再战，科比火力全开，帮助湖人不断缩小比分。难以阻挡的科比主宰了关键的第四节，他在最后 9 分多钟独砍 23 分，包括湖人反超爵士的关键球和锁定胜局的两次罚球。最终，湖人以 101 比 96 完成 15 分的逆转，击败爵士。

科比全场 50 投 22 中狂砍 60 分，这是本赛季联盟个人最高得分，也是历史退役球员中告别战的最高得分。这是科比职业生涯第 6 次得到至少 60 分，一切都似乎回到原点，“黑曼巴”带着最后的骄傲转身离开，留给世人一个传奇。

这样的职业生涯收官战“很科比”，而当科比连续命中，以一己之力再次力挽狂澜，率领湖人绝地逆转时，时光似乎在倒流，一个十年前“绝世杀器”再次映入人们眼帘，寒光闪烁，不留踪迹。

NBA 历史上最冷血、最凛冽、最执拗的一代战神终于解甲归隐，60 分之战，作为一个传奇的光辉句点，将永远被人铭记。

你像乔丹、“大鸟”那样改变比赛。你的每一场比赛，我都迫不及待地观看。你从来不会让这座城市（洛杉矶）、让湖人球迷以及全世界的篮球迷失望。

——“魔术师”约翰逊

故事终章，对篮球的爱永不变。

——科比·布莱恩特

不想时光倒流，因为逝去才会美丽。

——科比·布莱恩特

18 湖人之王

二 十 四 大 科 比 印 迹

2010 年，科比为湖人拿下第 5 冠。从 1996 年到 2016 年，科比效力湖人整整 20 年。

职业生涯 20 载，科比赢得了一个球员可以获得的所有荣耀，并为湖人夺得 5 届总冠军，包括一个三连冠。

20 载跌宕生涯雄奇奔放，点亮了无数青春记忆；20 年坚守湖人巅峰低谷，写就了多少紫金华章。

一日紫金，终生湖人。科比书写了无与伦比的忠诚神话，他把全部的青春献给了湖人，成为湖人队史上又一个丰碑式人物，这注定是一段传奇。在 NBA 的生意场上，球员从始至终为一支球队效力的情况实在太罕见了，伟大如乔丹也没能在公牛打完最后一场比赛。

在湖人队史的 11 项数据统计中，科比都名列榜首，“魔术师”约翰逊称他为“最伟大的湖人”。

LAKERS
24

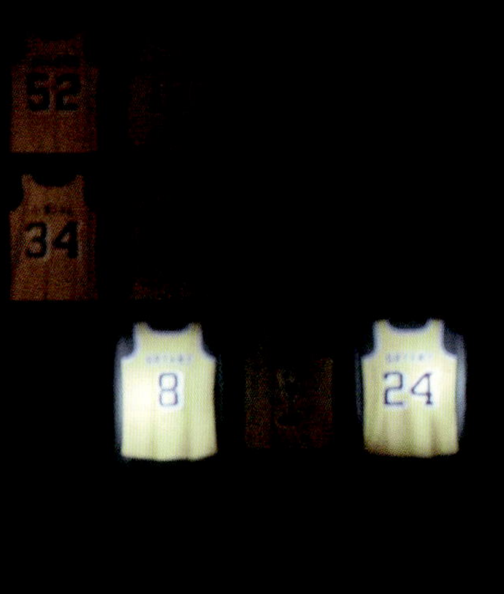

科比的 8 号与 24 号球衣同时退役，
能将两件球衣一起悬挂在斯台普斯中心，
这是一份史无前例的显赫殊荣。

Mamba Out!

——科比·布莱恩特

湖人总裁“魔术师”约翰逊和湖人老板珍妮·巴斯在科比的球衣退役仪式上先后发表了动情的感言。在现场激动人心的气氛中，科比的 8 号和 24 号球衣缓缓出现在斯台普斯中心的上空，现场球迷报以热烈的掌声。随后，科比拿起话筒，在未准备演讲稿的情况下发表了致辞，他感谢了湖人队，感谢了给他激励的名宿，也感谢了家人，最后以“Mamba Out（曼巴退场）”结束了自己的演讲。

19 球衣退役

二十四大科比印迹

20 年戎马生涯，8 号与 24 号赫然参半。当科比的球衣高悬在斯台普斯中心穹顶的那一刻起，“黑曼巴”的传奇便如战旗、如灯塔般指引着“紫金军团”的航程。

2017 年 12 月 19 日，湖人主场对阵勇士，科比的球衣退役仪式在此战的中场时间隆重举行，斯台普斯中心再一次只为一个人而疯狂，那就是科比。熟悉吗？20 年了，我们无数次看到科比在这里王者登顶；陌生吗？已经有 613 天未在这里见到科比……

中场哨响，“科比！科比！”全场响起了山呼海啸般的呼喊。西装革履的科比缓缓走到了场地中央，向大家挥手致意。奥尼尔、奥多姆、艾弗森、拉塞尔、贾巴尔、韦斯特、皮尔斯、费舍尔……众多 NBA 名宿以及科比昔日的队友甚至对手都来到现场，共同见证这一非凡时刻。

特别链接：科比在球衣退役仪式的深情致辞

感谢大家，不仅因为湖人退役我的球衣，还因为那些曾经穿过传奇球衣的人，没有他们的激励，就不会有今天的我。

感谢杰里·韦斯特相信我这个来自劳尔梅里恩高中的消瘦男孩。我也要感谢未来的队友们，是你们要带领这支湖人继续前进。我还要感谢球迷和媒体，你们永远都陪伴着我，就算凌晨 4 点也一样。每当我训练时，就会想到你们的高要求，这样的要求让我坚持下来，永不停歇。

还要感谢我的家人，我的妻子瓦妮莎。在最后一战，我已无比疲惫，不知道自己是否能坚持。她送给我一件球衣，上面是“魔术师”、乔丹、拉塞尔等名宿的签名和鼓励的话语，我知道自己必须坚持下去。

最后，我要感谢我的女儿们。我希望今晚你们能明白，无论多辛苦都要努力，这就是梦想本身。目的地本身不是梦想，走到目的地的过程才是。

谢谢你们，我爱你们，Mamba Out！

8 号时期战绩

得分：16866 分
全明星首发：8 次
NBA 总冠军：3 届
全明星 MVP：1 届
NBA 得分王：1 届
最佳阵容：4 次
最佳防守阵容：4 次
全明星扣篮王：1 届

24 号时期战绩

得分：16777 分
全明星首发：10 次
NBA 总冠军：2 届
总决赛 MVP：2 届
常规赛 MVP：1 届
全明星 MVP：3 届
奥运会金牌：2 枚
NBA 得分王：1 届
最佳阵容：7 次
最佳防守阵容：5 次

●从左至右依次是：埃尔文·约翰逊、珍妮·巴斯、吉安娜·布莱恩特、瓦妮莎·布莱恩特、科比·布莱恩特、比安卡·布莱恩特（科比小女儿）、纳塔利娅·布莱恩特（科比大女儿）、罗勃·佩林卡（湖人总经理）

BRYANT
24

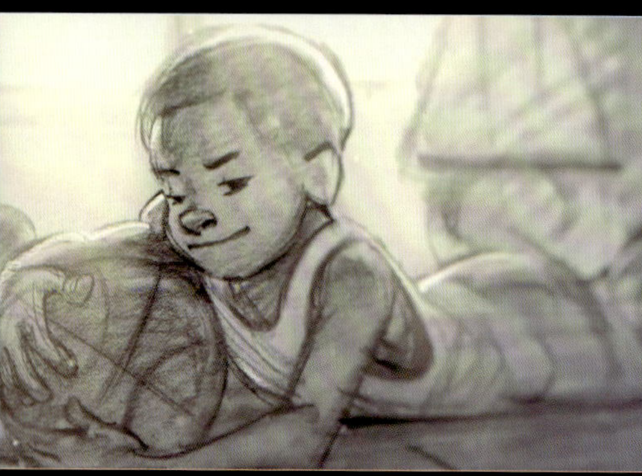

LAKERS

24

20 逐梦奥斯卡

二十四大科比印迹

2018年3月5日，科比的退役动画短片《亲爱的篮球》（*Dear Basketball*）荣膺第90届奥斯卡“最佳动画短片奖”。

此部短片改编自科比退役时的亲笔信《亲爱的篮球》，由他本人亲自配音。短片在2017年12月19日科比球衣退役仪式上首次播出，令无数篮球迷动容。此片的动画创作是由迪士尼资深导演格兰·基恩操刀，从业38年的他认为这部作品是“最难做的动画短片”，动画的每一帧都是黑白草图，加了少许紫色和金色，代表湖人。

《亲爱的篮球》讲述科比从一个小男孩逐渐成长为洛杉矶湖人队超级巨星的传奇历程，阐述了科比永不言弃、执着胜利的“曼巴精神”来由，粗粝的素描风格与激情澎湃的篮球主题完美融合，是一部难得的佳作。

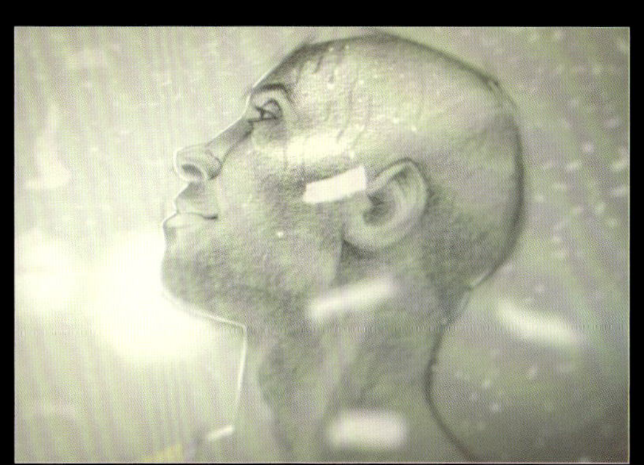

KOBE BRYANT

21 家有四千金

二 十 四 大 科 比 印 迹

2019 年 6 月 21 日，科比公布了自己第四个女儿出生的消息，瓦妮莎为他诞下一名女婴，取名叫卡普里·科比·布莱恩特（Capri Kobe Bryant）。

自此，科比已拥有四位小千金。虽然作为传奇巨星，科比希望有儿子来承袭父业，但有四位爱女相伴身边，也令他倍感温馨。

2003 年 1 月 19 日，纳塔利娅·戴蒙特·布莱恩特（Natalia Diamond Bryant）降生。作为长女，科比对她倍加宠爱，给她的名字里加了“Diamond”（钻石）这个词语。

2006 年 5 月 1 日，科比的二女儿吉安娜·玛利亚·奥诺尔·布莱恩特（Gianna Maria-Onore Bryant）出生。颇为巧合的是，吉安娜仅比奥尼尔的女儿晚 6 分钟来到世上。

2016 年 12 月 9 日，科比与瓦妮莎迎来第三个女儿——比安卡·贝拉·布莱恩特（Bianka Bella Bryant）。此时已经退役的科比除了打理自己的生意、偶尔写作之外，更多的时间是照顾自己的女儿们。父爱如山，科比很喜欢“全职奶爸”这份工作。

ESPAÑA
52
FIBA BASKETBALL

22 世界杯大使

二 十 四 大 科 比 印 迹

2019年篮球世界杯在中国举行。2018年10月31日，科比成为此项篮球最高赛事的全球大使。

科比幼年成长于意大利，在NBA取得光芒四射的成就，在中国篮球迷心中有着超高的人气，国际影响力无与伦比，因此科比是篮球世界杯代言人的不二人选。科比享受过将美国男篮带回巅峰的荣光，身上有太多的故事，他很愿意在篮球世界杯上向更多的人分享自己的经历。

作为篮球世界杯的大使，科比不仅参加了抽签仪式，而且在2019年篮球世界杯期间，频频飞赴中国，出现在赛场边，引起球迷阵阵欢呼。关于美国队，有着远见卓识的科比说了一句“别以为稳了”。一语成谶，预言成真，美国队最终在1/4决赛惨遭法国队淘汰，创历届最差战绩。

2019年9月13日，篮球世界杯半决赛，西班牙队对阵澳大利亚队，作为大使的科比亲临现场，与老友吉诺比利谈笑风生，而另一位退役球星波什也在一旁颔首倾听，共赏精彩赛事。

SPORTS
ACADEMY
MAMBA
2
MAMBA
SPORTS
ACADEMY
LEARNING CENTER

23 曼巴体育学院

二 十 四 大 科 比 印 迹

2018年初，科比联合加州一所体育学校开设了曼巴体育学院。

这所学院位于加利福尼亚的千橡树市，这里设备精良，是非常优秀的球员训练基地。学院占地面积9290平方米，包括五个篮球场、五个排球场、两个沙滩排球场、一个赛马场、一个电子竞技馆、一个棒球场和一个柔术学院等，还有理疗室、更衣室、浴室等辅助设施，可谓设施齐全。

作为伟大的篮球运动员，科比有着强大的号召力。此前他就多次参加耐克篮球训练营，指导小球员。科比的球技无与伦比，他可以通过自己的言传身教去影响更多的人。曼巴体育学院代表了科比对下一代孩子们的一种承诺，帮助他们从精神、技巧、体能全方面获得教育和成长。

除了科比亲自坐镇，曼巴体育学院还聘请了高水平的篮球教练，此外还邀请欧文、伦纳德、小托马斯等现役NBA球员前来交流，久而久之，这里也成为篮球明星的聚集地。

曼巴体育学院拥有非常科学的训练方法，他们对每位球员的训练时间和饮食，都会制订详细的计划，让他们都能找到适合自己的训练方式 。

除此以外，永不言弃的"曼巴精神"是每位来这里训练的球员都想学习的要旨。

众所周知，科比的二女儿吉安娜继承了其父的篮球天赋，也是曼巴体育学院女子篮球队的一员。科比是这支球队的主教练，当谈到如何平衡父亲和教练的身份关系，科比认为这是个挑战："确保她知道我爱她，无论她表现出色还是糟糕，我都一样爱她。在成为篮球运动员之前，她是我的女儿，而且重要的是，她知道那就是我的感受。"

24 溘然长逝

二 十 四 大 科 比 印 迹

2020 年 1 月 26 日，在洛杉矶以西 30 公里外的卡拉巴萨斯市郊外，一架型号为西科斯基 S-76 的私人直升机坠毁，机中 9 人（8 名乘客与 1 名驾驶员）均不幸罹难。年仅 41 岁的科比·布莱恩特与其 13 岁的二女儿吉安娜也在其中，惊天消息令人痛心疾首……

科比与吉安娜原本是乘私人飞机去千橡树市的曼巴体育学院参加一场比赛。据悉，直升机曾因大雾在空中悬停 6 次等待大雾散去。然而雾气未消，无法迫降，加上山峰和山坳口地形复杂，直升机紧急拉升飞跃高山（仅仅相差 6 米）后失控，之后极速降落，意外酿成悲剧。飞机落地后，现场燃起大火，完全摧毁了最后的一线生机。

经过法医鉴定，机上 9 人均死于钝器伤（飞机急坠没有落地之前，就因撞击硬物身亡），科比与爱女吉安娜没有遭受烈焰焚身之苦，而是在一瞬间携手步入天堂，在那里，应该有他们心爱的篮球。

事故发生前一天，当勒布朗·詹姆斯超越科比跻身 NBA 历史得分榜第三位时，科比还通过社交媒体向詹姆斯表示祝贺，然而一天后竟然阴阳相隔，令人无限唏嘘。

这是一个令人无法接受的结局，这是篮球史上最悲哀的一天……

从 1978 年 8 月 23 日到 2020 年 1 月 26 日，
科比的年龄永远定格在了 41 岁。
他在退役后的第 1383 天去了另一个世界，
我们坚信，在那里依然有他心爱的篮球。

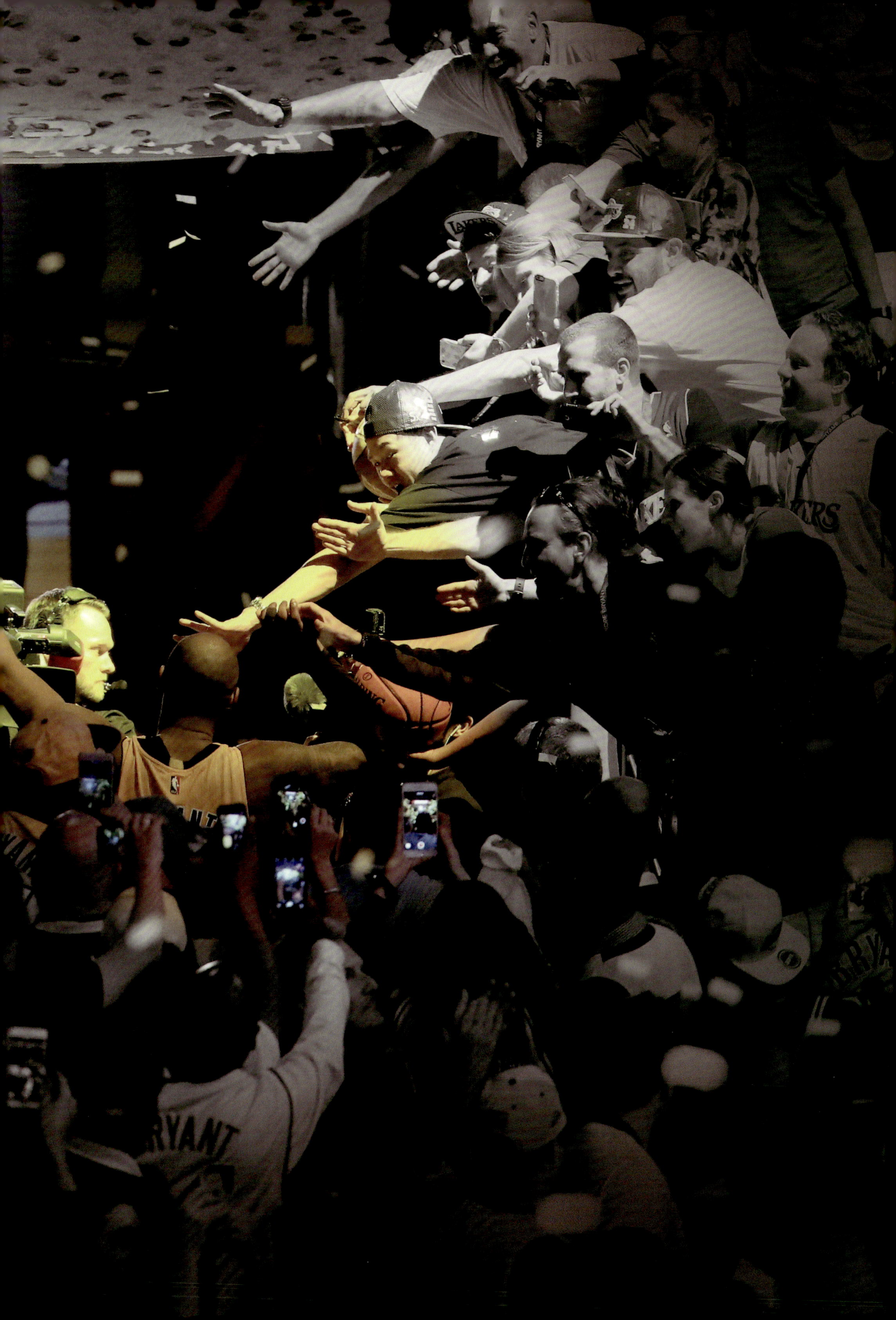
LAKERS
BRYANT

Kobe Bryant
科比三大补充属性

时尚达人

科比三大补充属性

自幼在意大利这个时装王国的成长经历，让科比天生具有一种卓尔不凡的时尚属性，而身经百战的五冠生涯又让他有种睥睨天下的王者之风，即便是一件休闲衫，科比也能穿得卓尔不群。

科比有着 1.98 米的修长身材以及俊逸面容，能轻松驾驭各种风格的服饰，因此也被 NBA 公认为“时尚达人”。

在一次接受采访时，有记者问科比“最讨厌什么”，他的答案很出人意料：“我最讨厌别人把不搭调的衣服胡乱配在一起。”看起来科比最不能忍耐的就是低俗品位。美国著名时尚杂志《GQ》的创意总监摩尔曾对科比的品位大加赞赏：“我愿意给科比打 10 分，他的穿着一直都是那么得体，他的装扮在 NBA 是最具品位的。”

考究的着装，文雅的举止，对传统文化的继承与发扬，对生活质量的追求与实践，都彰显了这个男人刚毅、坚韧、含蓄、深沉的人格魅力。

2 封面先生

科 比 三 大 补 充 属 性

RETRO AI POSTER
WHITE CHOCOLATE
SLAM
SPECIAL COLLECTOR'S EDITION
slamonline.com
IT WAS ALL A DREAM
STEPHON MARBURY
TIM HARDAWAY
PAUL PIERCE
QYNTEL WOODS
BOB COUSY
THE DECISION
LAKERS
THE THROWBACK
RANDY MOSS: THE OTHER ONE
NFL PLAYOFF SURPRISES
ESPN
The One
KOBE SAYS HE'S SECOND TO NOBODY
(YEAH, INCLUDING SHAQ)
January 22 2001
KEVIN DURANT / STARBURY / HS ALL-AMERICANS
SLAM
LEBRON VS KOBE
LET'S GET IT ON!
CARMELO ANTHONY · LAMAR ODOM · GARY PAYTON
BROOK LOPEZ · RAMON SESSIONS · UNC
LATRELL SPREWELL: KING OF NEW YORK
SLAM
no.43
PURPLE REIGN
SHAQ & KOBE
THE BLING DYNASTY
THE LOVE ISSUE
DERRICK COLEMAN
J.R. RIDER
BOBBY KNIGHT
THE REAL DREAM TEAM
PORTLAND TRAIL BLAZERS
BRAND & ARTEST
EDDIE JONES
FINAL 4 POSTER
WNBA PREVIEW
TROY MURPHY
UTAH JAZZ
H.S. ALL STARS
LAKERS
an emap-metro publication
AMAR'E · QUINCY MILLER · GERALD WALLACE
SLAM
YEAR IN PHOTOS
DWIGHT
LEBRON
NATE
RONDO
DURANT
JORDAN
MONTA
WALL
& MORE
LAKERS
L.A. KINGS
KOBE, PAU & RON PUT A RING ON IT.
SEPTEMBER 2010

3 商业帝国

科比三大补充属性

科比在湖人职业生涯总收入约为3.28亿美元，除此之外，他还有大量的广告代言，获得了3亿美元的代言费。科比的偶像魅力无法阻挡，这让他成为商家竞相追逐的广告宠儿。值得一提的是，凡经科比代言的产品都会呈火箭式热销。1996年，科比与阿迪达斯签署了6年4800万美元的代言合同。2003年，科比又成为耐克的签约代言人。随着科比在球场上的成功，耐克推出了许多科比的签名球鞋，在市场上大获成功。此外，他还是麦当劳、雪碧、土耳其航空公司的代言人。

除了是一位好球员、好代言人，科比还是一位好老板。多年以来，他慧眼独具，在商业领域大刀阔斧地开拓布局，

稳健发展。2013 年，科比涉足投资领域，与人共同创立布莱恩特·斯蒂贝尔投资公司，资产已超过 20 亿美元。此外，科比每年还从其投资的运动饮料项目中获利数百万美元。

经粗略统计，科比商业帝国的资产达到 20 亿美元（约合人民币 139 亿元）。科比留下了丰厚的资产，因为三个女儿还未成年，根据加州法律规定，其大部分遗产将由瓦妮莎继承，这些可以保证他的妻子和女儿在今后生活优渥，衣食无忧。

adidas

淬炼

Kobe Bryant

科比八大风骨

排名历史得分榜第 4 位
职业生涯总助攻
6306
排名历史助攻榜第 31 位
科比八大风骨
KOBE BRYANT
1 数据
制霸密码
BRYANT
24
539
1220
996
1485
1938
2019
2461
1557
1819
2832

职业生涯总篮板

7047

排名历史篮板榜第 106 位

职业生涯总抢断

1944

排名历史抢断榜第 16 位

职业生涯总盖帽

640

排名湖人队史第 5 位

七大『三万分先生』

1. 贾巴尔

38387

2. 马龙

36928

3. 詹姆斯

34087

4. 科比

33643

5. 乔丹

32292

6. 诺维茨基

31560

7. 张伯伦

31419

赛季得分分布图

赛季	得分
2006/2007	2430
2007/2008	2323
2008/2009	2201
2009/2010	1970
2010/2011	2078
2011/2012	1616
2012/2013	2133
2013/2014	83
2014/2015	782
2015/2016	1161

科比八大风骨 KOBE BRYANT

2 绝杀

致命『黑曼巴』

科比职业生涯40大绝杀

1. 1998 年 1 月 19 日，终场前 0.8 秒，科比两罚全中，湖人以 92 比 89 险胜魔术。
2. 1999 年 5 月 9 日，终场前 5.3 秒，科比两罚全中，湖人以 101 比 100 险胜火箭。
3. 2000 年 2 月 13 日，科比在终场前三分命中，湖人以 113 比 110 加时力克篮网。
4. 2000 年 2 月 20 日，终场前 1.7 秒，科比两罚全中，湖人以 87 比 84 战胜 76 人。
5. 2000 年 5 月 10 日，终场前 2.5 秒，科比投篮命中，湖人以 97 比 96 险胜太阳。
6. 2000 年 6 月 14 日，终场前 5.9 秒，科比补篮命中，湖人以 120 比 118 战胜步行者。
7. 2000 年 11 月 16 日，在加时赛结束前，科比两罚全中，湖人以 112 比 110 险胜国王。
8. 2001 年 2 月 7 日，终场前 2.3 秒，科比投篮命中，湖人以 85 比 83 力克太阳。
9. 2001 年 2 月 13 日，终场前 4.8 秒，科比飙中三分，湖人以 113 比 110 战胜篮网。
10. 2002 年 1 月 2 日，终场前 5.5 秒，科比跳投命中，湖人以 87 比 86 险胜掘金。
11. 2002 年 1 月 22 日，科比压哨跳投命中，湖人以 96 比 94 战胜黄蜂。
12. 2002 年 5 月 12 日，终场前 5 秒，科比投进两分，湖人以 87 比 85 险胜马刺。
13. 2002 年 12 月 6 日，终场前 8.4 秒，科比跳投命中，湖人以 105 比 103 险胜小牛。
14. 2003 年 4 月 4 日，终场前 3.3 秒，科比压哨命中，湖人以 102 比 101 力克灰熊。
15. 2003 年 4 月 6 日，终场前 3.3 秒，科比跳投命中，湖人以 115 比 113 险胜太阳。
16. 2003 年 12 月 19 日，科比在加时赛最后时刻压哨命中，湖人以 101 比 99 险胜掘金。
17. 2004 年 3 月 21 日，加时赛终场前，科比投进两分，湖人以 104 比 103 战胜雄鹿。
18. 2004 年 4 月 14 日，在加时赛结束前，科比命中三分，湖人以105比104战胜开拓者。
19. 2005 年 3 月 13 日，终场前 0.9 秒，科比跳投命中，湖人以 117 比 116 险胜山猫。
20. 2005 年 11 月 2 日，终场前 0.6 秒，科比命中投篮，湖人以 99 比 97 加时战胜掘金。

21. 2006 年 1 月 12 日，终场前 8.4 秒，科比投中两分，湖人以 99 比 98 险胜骑士。

22. 2006 年 4 月 30 日，科比在加时赛投中压哨两分，湖人以 99 比 98 险胜太阳。

23. 2007 年 3 月 16 日，科比命中三分，成功将比赛拖入加时，最终湖人以 116 比 111 逆转开拓者。

24. 2008 年 1 月 14 日，在加时赛结束前，科比跳投命中，湖人以 123 比 121 险胜超音速。

25. 2009 年 1 月 10 日，终场前 3 秒，科比跳投命中，湖人以 121 比 119 险胜步行者。

26. 2009 年 1 月 14 日，终场前 27.4 秒，科比投中三分，湖人以 105 比 100 力克火箭。

27. 2009 年 3 月 12 日，科比在终场前命中三分，湖人以 102 比 96 战胜火箭。

28. 2009 年 12 月 5 日，科比在终场前三分打板命中，湖人以 108 比 107 险胜热火。

29. 2009 年 12 月 17 日，科比在终场前跳投命中，湖人以 107 比 106 险胜雄鹿。

30. 2010 年 1 月 2 日，终场前 0.1 秒，科比命中三分，湖人以 109 比 108 战胜国王。

31. 2010 年 2 月 1 日，终场前 7.3 秒，科比投篮命中，湖人以 90 比 89 险胜凯尔特人。

32. 2010 年 2 月 24 日，终场前 4.3 秒，科比三分命中，湖人以 99 比 98 险胜灰熊。

33. 2010 年 3 月 10 日，终场前 1.9 秒，科比投篮命中，湖人以 109 比 107 险胜猛龙。

34. 2012 年 2 月 13 日，科比在终场前跳投绝杀，湖人以 94 比 92 战胜猛龙。

35. 2012 年 4 月 4 日，科比在终场前命中超远三分，湖人以 91 比 87 战胜篮网。

36. 2013 年 3 月 4 日，科比在终场前上篮绝杀，湖人以 99 比 98 逆转老鹰。

37. 2013 年 3 月 9 日，加时赛终场前，科比暴扣绝杀，湖人以 118 比 116 逆转猛龙。

38. 2014 年 12 月 10 日，科比在终场前罚球全中完成绝杀，湖人以 98 比 95 逆转国王。

39. 2015 年 1 月 15 日，科比在终场前上演暴扣绝杀，湖人以 88 比 87 险胜步行者。

40. 2016 年 4 月 14 日，终场前 31.6 秒，科比投篮命中，湖人以 101 比 96 逆转爵士。

ER BEATER

科比执着于得分，飙起分来势不可当。他让每个对手都曾心有余悸，他崇尚得分制胜的篮球哲学，总是用疯狂飙分来击败对手甚至整支球队。

单场81分，三节62分……当科比发狠时，总能通过不断得分送给对手记忆深刻的一场溃败

1 三节 62 分屠牛

2005 年 12 月 21 日，湖人主场迎战小牛，科比上半场独得 32 分。前三节，科比独得 62 分。由于比分悬殊太大，科比末节未登场。最终，湖人以 112 比 90 胜出。

2 屠龙 81 分之战

2006 年 1 月 23 日，湖人主场迎战猛龙，上半场科比独得 26 分。下半场，科比开启“杀神”模式，得到 55 分。最终，湖人以 122 比 104 战胜猛龙，科比得到 81 分，这是 NBA 历史单场第二高分。

3 第二高 65 分秀

2007 年 3 月 17 日，湖人主场迎战开拓者，科比在第四节独得 24 分，包括最后时刻的 4 记三分球。最终，湖人通过加时以 116 比 111 击败对手，科比全场砍下 65 分，这是他职业生涯单场第二高分。

4 屠熊 60 分之战

2007 年 3 月 23 日，湖人客场挑战灰熊，科比全场 37 投 20 中，罚球 18 投 17 中，拿下 60 分，帮助湖人以 121 比 119 胜出。这是科比连续第三场得到至少 50 分，他也是历史上第四位能如此连续得分的球员。

5 61 分圣地扬威

2009 年 2 月 3 日，湖人客场挑战尼克斯，科比全场 31 投 19 中，罚球 20 投全中，拿下 61 分，带领湖人以 126 比 117 胜出。在安东尼拿到单场 62 分之前，这个 61 分曾是麦迪逊花园的最高分纪录。

6 告别战 60 分

2016 年 4 月 14 日，湖人主场迎战犹他爵士，这是科比职业生涯的告别战。此役，他一人独得 60 分，率领湖人以 101 比 96 逆转击败爵士，他以一场“科比式”的胜利结束了自己波澜壮阔的 NBA 生涯。

1997 年
克利夫兰全明星赛
扣篮大赛冠军

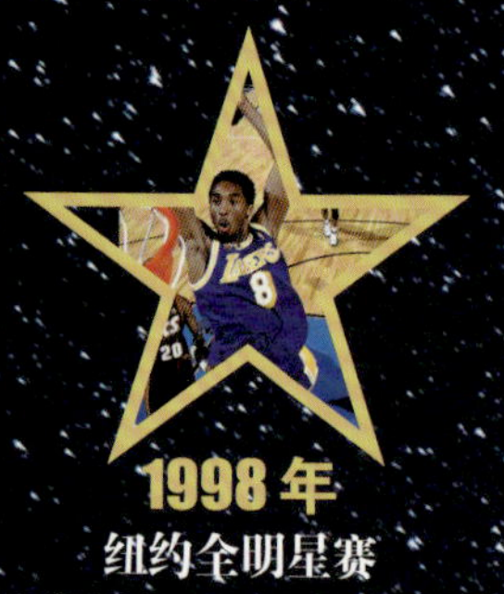

1998 年
纽约全明星赛
西部首发：18 分、6 个篮板

2000 年
金州全明星赛
15 分、3 个篮板、1 次助攻

2004 年
洛杉矶全明星赛
20 分、4 个篮板、4 次助攻

2005 年
丹佛全明星赛
16 分、6 个篮板、7 次助攻

2006 年
休斯敦全明星赛
8 分、7 个篮板、8 次助攻

2010 年
达拉斯全明星赛

2011 年
洛杉矶全明星赛 /MVP
37 分、14 个篮板、3 次助攻

2012 年
奥兰多全明星赛
27 分、1 个篮板、1 次助攻

科比以 1891614 票当选 2016 年全明星票王，这也是他第四次成为票王。职业生涯 20 载，科比荣膺 4 届全明星 MVP，18 次入选全明星首发阵容，缔造了一系列无法逾越的神迹。无论是单场比赛还是全明星生涯总和，科比的全明星数据都显得星光熠熠，无比华丽。

2001 年
华盛顿全明星赛
19 分、4 个篮板、7 次助攻

2002 年
费城全明星赛 /MVP
西部首发：31 分、5 次助攻

2003 年
亚特兰大全明星赛
22 分、7 个篮板、6 次助攻

2007 年
拉斯维加斯全明星赛 /MVP
西部首发：31 分、6 次助攻

2008 年
新奥尔良全明星赛
0 分、1 个篮板、0 次助攻

2009 年
菲尼克斯全明星赛 /MVP
西部首发：27 分、4 次助攻

2013 年
休斯敦全明星赛
9 分、4 个篮板、8 次助攻

2014 年、2015 年
新奥尔良、纽约全明星赛

2016 年
多伦多全明星赛
10 分、6 个篮板、7 次助攻

科比八大风骨

KOBE BRYANT

5『杯』欢

荣耀满载

2020 年 4 月 4 日，科比入选奈·史密斯篮球名人堂，完成荣耀“大满贯”。

18 届全明星、2 届得分王、5 届总冠军、2 届总决赛 MVP、2 届得分王、15 次入选 NBA 最佳阵容、12 次入选 NBA 最佳防守阵容、最佳新秀阵容、4 届全明星 MVP、1 届常规赛 MVP、2 枚奥运金牌、奈·史密斯篮球名人堂……

科比荣誉满载，“大满贯”象征着他完美的篮球生涯。

进攻美如画

优雅华美的滑翔姿态，潇洒大气的投篮姿势，随风摇摆的腾空高度，行云流水的落地曲线。他的体态完美均衡，整个人的线条凌厉却又优美流畅。他的每一寸肌肉都显得轻盈有力，既可以助其飞入云端，又可以助其撞开阻挡。在球场上，科比的一切技艺皆可入画，一如名剑轻颤，光华流离。

防守稳如闸

面对咄咄逼人的对手，科比总是用最强硬的方式予以回击。“黑曼巴式”的迅猛攻击固然名扬天下，但令人称道的还是科比那撕裂式的防守，以及冻结对方头号得分手的能力。当他降低重心，如猛虎一样与对手对峙，目光中总有一种撕裂对手的欲望，令人不寒而栗。

INDIANA
45
INDIANA
32
LAKERS
45
INDIANA
31

扣篮如奔雷

科比的暴扣体现着锋利，如一把利刃直插敌人心脏。他如风般突破对手的重重防守，腾空而起，双手仰在头后，待腾空高度达到最高时，将球狠狠地灌进篮筐。因为科比的滞空高度、滞空时间和空中对抗力均为顶级，那些试图封盖他的对手几乎均惨遭被暴扣的羞辱。

科比常以迅雷不及掩耳的速度杀入对方内线，然后完成雷霆万钧的单手劈扣。科比这招标志性的扣篮，有振奋人心、打击对手气焰之能效。

毫无疑问，科比简直就是拉杆灌篮的代名词。拉杆灌篮比拉杆上篮的难度和挑战性更大，这需要极强的滞空高度和对抗力量。科比能将这一动作演绎到极致，因为他的腰腹力量非常出色。

反身背扣也是略微带有表演意图的进攻方式。早年，年轻气盛的科比酷爱使用这种扣篮方式摧残对手的篮筐。通常科比会在对手攻击未中时提前启动到后场，待队友抢下篮板，长传到自己手中，然后在无人防守的情况下，背身高高跃起，将球扣入篮中。科比在完成这一扣篮时动作连贯，就如水银泻地。

门徒遍天下

科比的意外离世，让无数人悲痛欲绝，但他永远活在人们心中，他的“曼巴精神”永远流传，他的门徒薪火相传，遍布天下。

悼念科比之夜，利拉德在湖人主场砍下 48 分，用“黑曼巴”的方式致敬科比。很显然，利拉德得到科比真传，那种冷酷凛冽的杀气不禁令人感叹：“太像那个男人了！”

欧文和科比渊源颇深，早年欧文曾与科比有过 5 万美元的单挑赌约。在惊闻科比逝世后，欧文悲痛不已，当即缺战一场。但随后他调整心情复出，用一场 54 分来告慰科比。

布克是科比的小迷弟，更巧的是，他也是第 13 顺位的得分后卫。而单核带领步行者硬拼热火“三巨头”的保罗·乔治曾一度被称为联盟最具“曼巴风骨”的球员。

后起之秀塔图姆的一招一式简直太像科比了，只有他才能真正意义上算是师从科比，因为几乎每个夏天他都会与科比训练，讨教球技。如今科比走了，球迷们还能从塔图姆的每个背身单打、每次后仰跳投中寻找到科比的影子……

从德罗赞精准的中投以及飘逸的上篮方式中也能看到科比的影子，德罗赞也多次表示自己的偶像就是科比。虽然由于天赋和习惯问题，他的成就很难与科比比肩，但他是这个小球时代中最具古典风格的球员，其美如画的中投颇具科比的风范。

如果有一天你忘记了努力，
我会把“黑曼巴”的故事讲给
你听，就从凌晨四点的
洛杉矶讲起……

凌晨四点的洛杉矶

曾有美国记者问科比：“你为什么取得成功？”科比回答道：“你看过洛杉矶凌晨四点的样子吗？”记者摇摇头，科比接着说：“我经常看到，因为我在那个时候已经开始训练了。”从此，“凌晨四点的洛杉矶”成为至理名言。这确实是科比取得成功的秘诀。

“凌晨四点的洛杉矶”成为科比勤奋的象征，激励着一代又一代的青年人。

科比并不是最具天赋的球员，但他一直都是最努力的那个。他是典型的训练狂，坚持进行各种近乎疯狂的地狱式训练：一天只睡五个小时，每天在进行高强度的训练外，还要投篮500次，从不间断。就算是一部机器，也要检修停歇，而科比的训练周而复始，坚持不辍。

科比本身就是NBA历史上最励志的故事，他是“天才出于勤奋”的典范。他能够在NBA取得成功，正是他刻苦训练的结果，也证明了“凌晨四点”的“曼巴精神”。

在篮球世界，科比的视角中没有神，乔丹也不是，乔丹是标尺。神是供人瞻仰膜拜的，而标尺是让人参照、比对，并且超越的。科比丝毫不掩饰挑战乔丹的野心，与艾弗森的“不敬神”不同，科比一心想取代神，因为他与乔丹太像了，所以他要击败乔丹，成为神。

虽然科比的视角中没有神，但不妨碍他要成为神。这是一种张扬到极致的自信，也是一种对精湛球技的另类诠释。作为一个内心无比强悍、令整个联盟肃然起敬的人物，科比的睥睨纵横源于强大的内心，极度自信的性格让他敢于只手遮天，以一己之力对抗世界……在血雨腥风的连番搏杀后，科比用无数神迹奠定了江湖第一巨星的地位。同样，他也成为最具神性的篮球巨星。

“不要激怒科比”，这是NBA中尽人皆知的行为准则。

科比战靴简史

和球场上取得的那些伟大成就相比，科比在球鞋代言上的表现也是可圈可点。如果说乔丹创造了一枝独秀的“AJ 文化”，那么科比则是花开两朵。历史上还没有哪位球星可以像科比这样横跨两个国际品牌，拥有数代签名鞋的同时还可以保持长盛不衰的销量和影响力。

EQT 战靴品鉴

1996

ADIDAS EQT1：仿生系统概念的“天足”是基于人类足底的进化演变而诞生的。而作为“天足”系列的初代产品，这双鞋在各方面都显得较为一般，但因为与科比合作，依然得到不少的关注。

1996

ADIDAS EQT2：1997 年，科比已小有名气。此款鞋作为上一代的升级版适时推出，鞋底依然采用“天足”概念，改进了鞋面和鞋跟十字交叉处的高强度皮筋设计，在不牺牲脚踝灵活性的条件下提升对脚踝的包裹度。

1997

ADIDAS EQT3：在扣篮大赛上，只有 18 岁的科比凭借出色的弹跳力以及柔韧性荣获冠军，而他当时脚上的这双球鞋也大受关注。不对称鞋带设计，夸张的线条，此款球鞋也成为早期科比球鞋的代表作之一。

阿迪时期

1996年，科比在新秀赛季开始前，就和阿迪达斯签下了一份6年4800万美元的天价合同。1998/1999赛季，科比拥有了自己的首款签名鞋——KB8 1，随后两年又推出了第二代和第三代。此后，由于科比与阿迪达斯在设计理念上发生分歧，双方在2002年解约。根据协议，科比在一年内不得签约阿迪达斯的主要竞争品牌。

KB8 战靴品鉴

1997

ADIDAS KB8 1： 1997/1998赛季，科比迎来了真正意义上的第一双签名鞋——KB8 1。球鞋的鞋跟部分延续了前几代交叉型高强度皮筋的设计，使得脚踝在不失灵活性的同时得到更好的保护，并且配合“天足”科技首次使用了adiPRENE技术和抗扭转系统，使得这双鞋有了全面的升级。

1998

ADIDAS KB8 2： 1998/1999赛季，科比穿上了他的第二代签名鞋。此款球鞋的前掌添加了adiPRENE缓震功能，鞋垫采用AdiLux，鞋面使用大面积的透气金属网布纤维，更好地提升透气性，相应地对内衬材料进行补充调节，保证了纤维材质的支撑和对球员脚部的保护。可以说，这双鞋是科比在阿迪达斯时期最优秀的战靴之一。

1999

ADIDAS KB8 3： 这是科比在阿迪达斯时期的最后一双“天足”球鞋，保留了前作科技的同时，采用全皮鞋面的设计，穿着感更加舒适，并且首次加入了内靴设计，全面提升了包裹感。然而由于与阿迪达斯“天足”技术合同的到期，科比不得不将之放弃，但这双球鞋还是获得了不错的销量。

THE KOBE 战靴品鉴

2000

ADIDAS THE KOBE 1： 这是参考科比本人的意见而重新设计的战靴系列。此鞋借鉴TT跑车的夸张造型，虽然没有了“天足”技术，性能也并不非常出色，但这双使用了全掌adiPRENE以及抗扭转系统的炫酷球鞋却见证了科比获得第一个总冠军，成为总冠军战靴。

2002

ADIDAS THE KOBE 2： 2001/2002赛季，THE KOBE 2问世，延续了跑车设计，然而过分的夸张造型以及差强人意的透气性为这双鞋带来了非常不好的评价。而科比也在总决赛的赛场上换回了THE KOBE 1，令其成为历史上第一双见证三个总冠军的战靴。科比的这个做法让阿迪达斯颇为不满，双方矛盾激化，不欢而散。

耐克时期

经历了一年的“乱穿鞋时期”，2003年，科比与耐克签下一份5年4500万美元的合同。但随后的“鹰郡事件”，使得科比转投耐克后的第一双签名鞋Zoom Kobe推迟到2006年才发布，此后每年发布一款新鞋成为传统。2015年，耐克接连发布Zoom Kobe X和Zoom Kobe XI。这两款球鞋作为科比服役战靴的收官之作科技感十足，同时也具有非常大的纪念意义。

ZOOM KOBE 战靴品鉴

2005

Zoom Kobe Ⅰ： 2005年底，耐克为科比推出首款签名鞋。此款鞋是完美革新的结晶，充分结合了科比的特点，充满速度感与杀气，其轻盈度、敏捷度都有历史性的突破，它代表着科比耐克时代的来临。

2006

Zoom Kobe Ⅱ： 此款球鞋在技术上可谓是当时的最高配置。它运用了基于Free理念的中底，外全掌采用Air Zoom气垫缓震科技配合中足碳板，鞋面采用Considered科技面料，此外还有全掌内靴。

2007

Zoom Kobe Ⅲ： 2007年，“黑曼巴”这个象征元素被首次融入系列。此代战靴最主要的科技在于其前后掌Zoom Air碳板和全掌Cushlon泡棉中底。球鞋外形流畅，将黑曼巴蛇的致命特点与球鞋完美结合。

2008

Zoom Kobe Ⅳ： Zoom Kobe Ⅳ证明了低帮的外形和出众的支撑力能够共存。当然，科比的第四度捧杯也让Zoom Kobe Ⅳ变得愈发耀眼。

2009

Zoom Kobe Ⅴ： 2009年推出的Zoom Kobe Ⅴ采用了更加轻盈、更加强韧的耐克创新Flywire技术。而科比的第五代签名鞋也见证了科比第五次获得总冠军。

2010

Zoom Kobe Ⅵ： 2010年，设计团队与科比直接交流，确保了Zoom Kobe Ⅵ与其篮球风格的完美契合。此代战靴一直是科比最喜爱的系列之一。

2011

Zoom Kobe Ⅶ：2011年，System理念的引入，让科比的签名鞋再次拥有了新的话题度。其模块化结构的运用，也是Zoom Kobe VII引领变革的信号。

2012

Zoom Kobe Ⅷ：Zoom Kobe VIII集中了速度、稳定性和多功能性。通过进一步分析科比的技术特色，融入创新性能，打造出质量最轻的科比篮球鞋。

2013

Zoom Kobe Ⅸ：此代战靴与之前的低帮化设计截然相反，超高帮的设计很好地保护了脚踝，也象征着科比的伤后重生。

2014

Zoom Kobe Ⅹ：为追求卓越性能，集混合缓震设计、先进抓地力系统和无缝鞋面于一体，再结合透明化中底和外底设计，使得这款鞋在此系列中脱颖而出。

2015

Zoom Kobe Ⅺ：作为科比的最后一双战靴，此鞋的重点已不再是性能上的优劣，而更侧重于情怀和本身的纪念意义。此鞋也是科比在2016年全明星赛的战靴。

PS AIR ZOOM 2K战靴品鉴

2004

AIR ZOOM HUARACHE 2K4：这双鞋本来应该称为Kobe 1或Zoom Kobe 1的，但是受个人事件的影响，耐克将其更名为Air Zoom Huarache 2K4。搭配的Zoom Air气垫和中底碳板让它在当时的众多篮球鞋中脱颖而出。

2005

AIR ZOOM HUARACHE 2K5：这双鞋加入Free理念，保留了后掌的Zoom Air气垫。同时，Huarache设计理念中的透气性及舒适性得以延续。该款鞋首次采用了“武士盾”标志，也就是“科比剑鞘”。

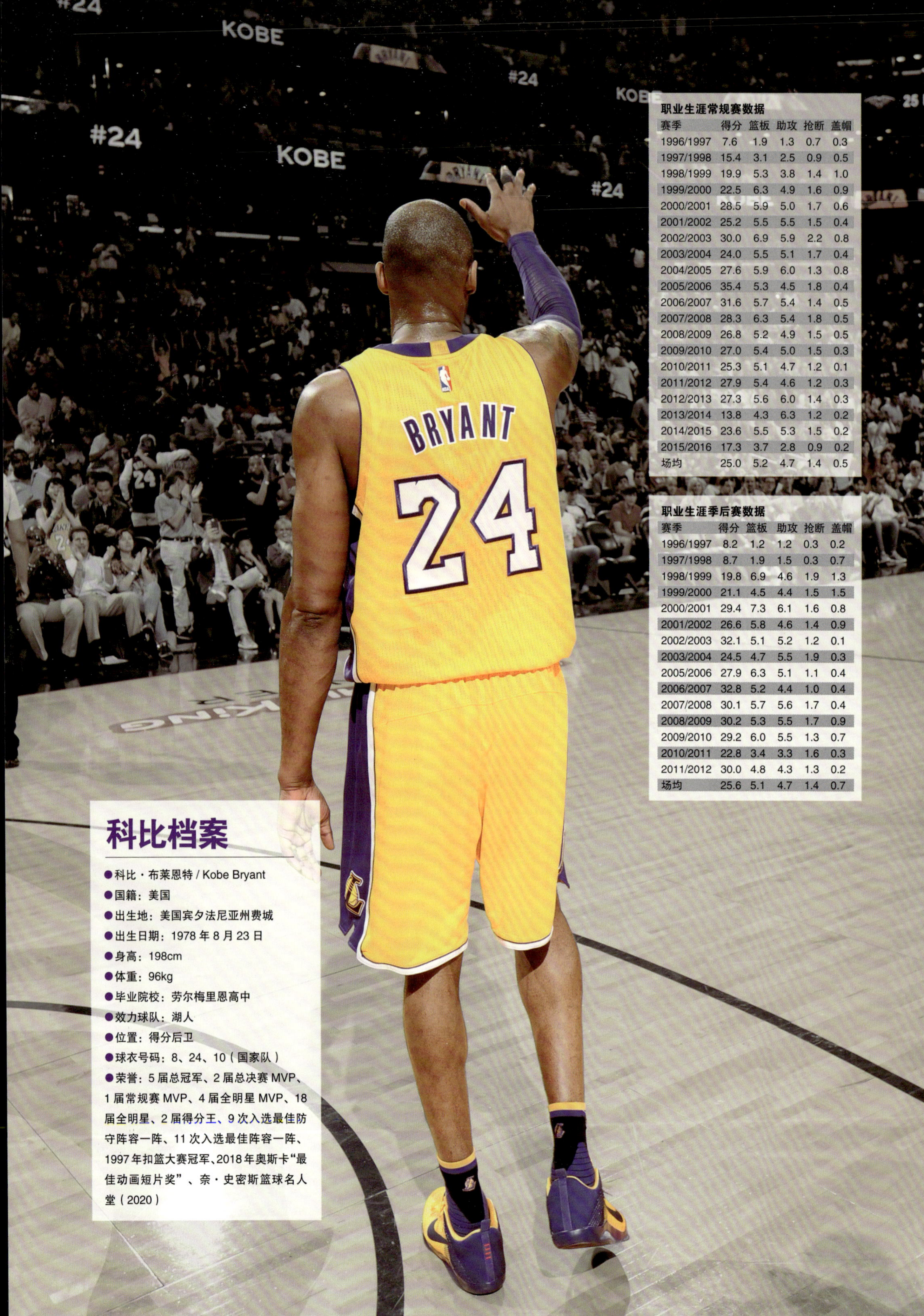

职业生涯常规赛数据

赛季	得分	篮板	助攻	抢断	盖帽
1996/1997	7.6	1.9	1.3	0.7	0.3
1997/1998	15.4	3.1	2.5	0.9	0.5
1998/1999	19.9	5.3	3.8	1.4	1.0
1999/2000	22.5	6.3	4.9	1.6	0.9
2000/2001	28.5	5.9	5.0	1.7	0.6
2001/2002	25.2	5.5	5.5	1.5	0.4
2002/2003	30.0	6.9	5.9	2.2	0.8
2003/2004	24.0	5.5	5.1	1.7	0.4
2004/2005	27.6	5.9	6.0	1.3	0.8
2005/2006	35.4	5.3	4.5	1.8	0.4
2006/2007	31.6	5.7	5.4	1.4	0.5
2007/2008	28.3	6.3	5.4	1.8	0.5
2008/2009	26.8	5.2	4.9	1.5	0.5
2009/2010	27.0	5.4	5.0	1.5	0.3
2010/2011	25.3	5.1	4.7	1.2	0.1
2011/2012	27.9	5.4	4.6	1.2	0.3
2012/2013	27.3	5.6	6.0	1.4	0.3
2013/2014	13.8	4.3	6.3	1.2	0.2
2014/2015	23.6	5.5	5.3	1.5	0.2
2015/2016	17.3	3.7	2.8	0.9	0.2
场均	25.0	5.2	4.7	1.4	0.5

职业生涯季后赛数据

赛季	得分	篮板	助攻	抢断	盖帽
1996/1997	8.2	1.2	1.2	0.3	0.2
1997/1998	8.7	1.9	1.5	0.3	0.7
1998/1999	19.8	6.9	4.6	1.9	1.3
1999/2000	21.1	4.5	4.4	1.5	1.5
2000/2001	29.4	7.3	6.1	1.6	0.8
2001/2002	26.6	5.8	4.6	1.4	0.9
2002/2003	32.1	5.1	5.2	1.2	0.1
2003/2004	24.5	4.7	5.5	1.9	0.3
2005/2006	27.9	6.3	5.1	1.1	0.4
2006/2007	32.8	5.2	4.4	1.0	0.4
2007/2008	30.1	5.7	5.6	1.7	0.4
2008/2009	30.2	5.3	5.5	1.7	0.9
2009/2010	29.2	6.0	5.5	1.3	0.7
2010/2011	22.8	3.4	3.3	1.6	0.3
2011/2012	30.0	4.8	4.3	1.3	0.2
场均	25.6	5.1	4.7	1.4	0.7

科比档案

- 科比・布莱恩特 / Kobe Bryant
- 国籍：美国
- 出生地：美国宾夕法尼亚州费城
- 出生日期：1978 年 8 月 23 日
- 身高：198cm
- 体重：96kg
- 毕业院校：劳尔梅里恩高中
- 效力球队：湖人
- 位置：得分后卫
- 球衣号码：8、24、10（国家队）
- 荣誉：5 届总冠军、2 届总决赛 MVP、1 届常规赛 MVP、4 届全明星 MVP、18 届全明星、2 届得分王、9 次入选最佳防守阵容一阵、11 次入选最佳阵容一阵、1997 年扣篮大赛冠军、2018 年奥斯卡“最佳动画短片奖”、奈・史密斯篮球名人堂（2020）